LESLIE

Leslie

SORBONNE CONFIDENTIAL

Laurel Zuckerman

Sorbonne Confidential

Traduit de l'anglais (américain) par
Daniel Berman.

Fayard

© Librairie Arthème Fayard, 2007.
ISBN : 978-2-2136-3122-6

À Eve, Linda et Kostya.

Il entre toujours, dans l'ivresse de comprendre,
la joie de nous sentir responsables
des vérités que nous découvrons.

Jean-Paul Sartre,
Introduction au *Discours de la Méthode*,
de René Descartes.

I

Chapitre 1

Chômeurs anonymes

78 % des Français âgés de 15 à 30 ans reconnaissent que l'idée de devenir fonctionnaire leur semble attrayante… Pas d'heures supplémentaires. Salaires décents. Et, surtout, sécurité de l'emploi.

Thomas Fuller, « The Workplace : Nice Wages, Short Hours, and for Life », *International Herald Tribune*, November 1, 2005.

Quand, deux jours avant Noël 2002, la firme high-tech pour laquelle je travaillais m'envoya une lettre recommandée, je crus que c'étaient mes étrennes. Le matin même, juste avant de partir en vacances, mon patron, le DIT (directeur des technologies de l'information), sans ironie apparente, m'avait souri amicalement en me souhaitant de bonnes fêtes. Inutile de préciser qu'il recevrait la même lettre de licenciement que moi quatre mois plus tard. Immobile devant le guichet de la poste, bloquant la file d'attente, je regardais fixement sur la feuille les mots inacceptables. Comment avais-je pu être aveugle à ce point ?

Je pris deux bonnes résolutions sur-le-champ. La première : quitter définitivement le secteur de l'informatique. La seconde : garder dorénavant les yeux ouverts.

Une fois prise ma décision de changer de profession, j'allai voir Bernard. Grand et mince, les cheveux attachés en queue-de-cheval, disposant d'un bureau avec une plaque à son nom, Bernard est notre coach au « Club des cadres », une sorte de groupe de soutien pour les cadres au chômage. La mission de Bernard est de nous relancer dans le monde du travail.

— Je pourrais peut-être reprendre mes études, dis-je à Bernard, devenir avocate ou journaliste. De très nombreuses femmes de la génération de ma mère avaient obtenu sur le tard leur diplôme en finance, en droit ou en comptabilité, et avaient pu travailler ensuite.

Bernard se passa les doigts dans les cheveux.

— D'où venez-vous ?

— D'Arizona.

— Ça fait combien de temps que vous vivez en France ?

— Vingt ans.

Il me regarda avec méfiance.

— On ne peut pas changer de profession en France, si vous y aviez réellement vécu vingt ans, vous le sauriez.

Je fronçai les sourcils.

— Et pourquoi pas ? Si je fais ce qu'il faut pour obtenir les diplômes nécessaires ?

— Parce que, dit-il en croisant les mains derrière sa nuque, personne ne vous embauchera.

Je voyais bien qu'il disait la vérité. Je reçus courageusement la bonne nouvelle.

— À cause de mon âge ?

— Oui, bien sûr.

Bernard tapota mon CV.

— Et aussi parce qu'en France les gens ne croient pas à la reconversion, poursuivit-il. Un chef de projet ne peut pas plus devenir avocat qu'un mille-pattes se transformer en aigle. L'un exclut l'autre.

— Je vais réfléchir à tout cela et trouver une solution, répondis-je en me levant. Merci pour vos conseils.

J'étais impatiente de commencer ma nouvelle vie et de rendre ma carte de membre du « Club des cadres ». Néanmoins, avec les Assedic, c'était donnant-donnant : en échange des indemnités, j'étais obligée de participer aux réunions une fois par semaine. Le club aurait pu s'appeler « les Chômeurs anonymes ». Au début de chaque séance, les affiliés, tous âgés de trente-cinq à soixante ans, faisaient le point sur leur recherche d'emploi de la semaine précédente. « J'ai pris le train pour Rouen afin de me rendre à un entretien d'embauche, expliquait Claire, tordant son mouchoir entre ses mains, mais, quand je suis arrivée à la gare et que j'ai appelé la DRH, personne n'a répondu. » Marie, une femme ronde, aux cils lourds de mascara, racontait : « Pendant les entretiens téléphoniques, ils me demandent mon âge. Quand je dis que j'ai cinquante ans, ils raccrochent. Doit-on mentir sur son âge ? » Suivait alors un débat édifiant entre les partisans du pour – « Au moins ils vous parlent » – et ceux du contre – « Quand ils finissent par découvrir la vérité, c'est le renvoi assuré ». Le groupe était intelligent et sympathique, mais personne n'est jamais arrivé en s'exclamant : « J'ai trouvé un travail, j'ai trouvé un travail ! »

Il est vrai que les allocations de chômage sont si généreuses en France que beaucoup de gens, spécialement ceux qui sont assez vieux pour attendre la préretraite, ne cherchent pas vraiment. Mais les règles du jeu les contraignent au moins à faire semblant, ce qui doit irriter ceux qui sont réellement actifs dans leurs démarches. Bernard était visiblement conscient de ces différences. Un jour, lors d'une séance d'entraînement musclée, il dit : « Pensez-vous comme un produit, comment vous vendriez-vous ? » Françoise, la cinquantaine, dynamique, éclata en sanglots.

Je ne pouvais pas continuer ainsi très longtemps. Quelques mois plus tard, mes droits toucheraient à leur fin, et ces rencontres supposées me motiver achevaient de me déprimer. J'avais besoin d'un plan. Un projet solide, qui exploiterait mes talents dans un domaine en croissance. Je demandai conseil à une amie, investisseur international aguerri. Elle me recommanda des placements en Inde.

— L'externalisation[1], me prédit-elle, c'est l'avenir ! Et tu sais qui sont les rois de la mondialisation des services informatiques ? Les Indiens ! Centres d'appels, programmation, gestion de systèmes, et bientôt maîtrise d'ouvrage et conseil, à un cinquième du coût d'un Européen ou d'un Américain !

— Mais je cherche un travail, pas un investissement.

— En ce cas, dit-elle, je suis vraiment désolée pour toi.

---

1. Employer une entreprise extérieure pour faire le travail, au lieu de le donner aux salariés de l'entreprise.

Je cherchai un autre moyen de m'en sortir, parlai avec des gens, surfai sur Internet. Jusqu'à ce fameux samedi où je rencontrai Isabella à la médiathèque de notre ville.

Isabella enseigne sa langue natale, l'italien, dans un lycée de la banlieue est de Paris. Ses enfants parlent italien, comme les miens parlent anglais. Durant des années, nous avons comparé nos méthodes d'éducation bilingue. Quand je lui ai demandé ce qu'elle faisait, elle s'est animée.

— Je prépare l'agrégation d'italien.

En l'écoutant me donner des précisions, mon cœur se mit à battre plus vite. Elle avait découvert ou redécouvert des textes passionnants, et, si elle réussissait l'épreuve, quelle carrière en perspective ! Or, comment aurait-elle pu échouer puisqu'elle enseignait sa langue maternelle depuis quinze ans déjà ? « L'agrégation ! » murmurai-je en moi-même.

La semaine suivante, je frappai à la porte de Bernard.

— Entrez, dit-il. Café ?

Il me tendit un gobelet en plastique fumant avec un sourire béat. Je m'assis en face de lui.

— Et si j'enseignais l'anglais ?

— Cela pourrait marcher, dit-il en se penchant en avant. Mais vous pourriez le faire dès à présent, n'est-ce pas ?

— Bien sûr, dis-je. Mais pas pour un salaire valable. Je veux un CDI avec les avantages attenants à la fonction. Vous comprenez, n'est-ce pas ?

Il hocha vigoureusement la tête.

— Donc, je pense me présenter à l'agrégation d'anglais.

— L'agrégation ? balbutia-t-il. Mais c'est le plus haut concours pour intégrer la fonction publique !

Ce fut à mon tour de hocher la tête. Après quinze ans dans le privé, je n'avais pas l'intention d'enseigner l'anglais avec un statut de jeune fille au pair.

— Il faut avoir une maîtrise pour pouvoir s'inscrire, me signala-t-il.

— J'ai un diplôme de HEC.

Bernard mit ses lunettes et étudia mon CV.

— En effet, dit-il.

— Et ma langue maternelle est l'anglais, je le parle couramment.

— Oui, admit-il, on ne peut le nier.

— Et j'ai déjà lu tous les livres du programme, ajoutai-je.

— Ah oui, bon.

— Il y a des années de cela. Je devrai les relire, bien sûr.

Ce n'était qu'en partie vrai. Le seul poème de Robert Burns que j'avais lu au lycée était « *Ode to a Louse* ». Je n'avais jamais vu l'intérêt de me mettre à l'écossais.

— Eh bien, conclut-il en hésitant, si vous les avez lus...

— Alors, on peut dire que j'ai un plan ?

Mon conseiller prit un moment pour réfléchir. Il devait peser le pour, le contre, songer aux obstacles insurmontables contre lesquels il devait absolument me mettre en garde. Cependant, il gardait le silence. Plus tard, j'allais découvrir quelques difficultés qu'il aurait pu mentionner. Mais peut-être les ignorait-il. Finalement, il se leva et me tendit la main.

— Oui, on peut dire que vous avez un plan.

Ce fut la dernière fois que je vis Bernard. Maintenant que j'avais un projet homologué, je n'avais plus besoin de participer aux réunions du « Club des cadres ». Je devais descendre dans l'arène.

Je trouvai sur Internet tout ce que je devais savoir du processus à suivre : l'inscription administrative, puis l'inscription au concours et finalement l'inscription pédagogique. Pour la France, on pouvait considérer ces trois étapes comme une procédure assez simple.

Après avoir vérifié les sites des différentes universités (il y en a neuf rien qu'à Paris) et comparé les informations données avec celles reçues par téléphone, j'optai pour Paris-IV, cette belle institution décatie du Quartier latin. Paris-IV partage ses bâtiments imposants avec Paris I et Paris-III. Toutes les trois font partie de la fameuse Sorbonne, qui se trouve à environ une heure de train de ma petite ville de Beauté-sur-Marne, située à douze kilomètres à l'est de Paris par le RER A qui mène à Disneyland-Paris.

J'imprimai les pages concernant Paris-IV : horaires, documents nécessaires (diplômes, acte de naissance, carte d'identité, etc.), et achetai un ticket de train pour Paris.

Je descendis à la station Saint-Michel. Le soleil brillait. Les Parisiens se promenaient fièrement dans l'air automnal, probablement conscients de l'extraordinaire chance qu'ils avaient de vivre dans ce que je considérais toujours comme la plus belle ville du monde. Dans mon sac en lin blanc armorié *Get Frenched*[1], mon sésame – la photocopie de mon diplôme de HEC. Je remontai rapidement le boulevard Saint-Michel, dépassai le musée de Cluny et tournai à gauche dans la rue des Écoles. Tout le bloc suivant, jusqu'à la

---

1. « Francisez-vous. »

rue Saint-Jacques, était occupé par un bâtiment de pierre, intimidant : la Sorbonne.

La Sorbonne ne ressemblait en rien aux campus des universités américaines où j'avais fait mes études : pas de grande pelouse où musarder, pas de dortoirs, pas d'équipes de football avec *quarterbacks* et *pompom girls*, pas de fraternités ou de sororités, pas de journal de l'école, pas de *yearbook*[1]. L'édifice a l'aspect solennel et réservé d'une institution nationale, comme un ministère ou un hôpital public. C'est usé, vieux et majestueux. Ce fut pendant des siècles le centre de l'érudition française. Aujourd'hui, avec 30 719 étudiants et aucune sélection à l'entrée, c'est sans doute autre chose.

Serrant mon sac contre moi, je cherchai une entrée. Deux hommes en uniforme bleu foncé se tenaient, mornes, de chaque côté d'une porte massive en bois donnant sur la rue Saint-Jacques. Une file d'attente en partait et s'étirait sur une centaine de mètres. Je demandai à l'un des gardes : « C'est ici, les inscriptions ? »

---

1. *Quarterbacks* : un des postes du football américain ; *pompom girls* : jeunes filles qui entraînent le public à applaudir ; fraternités et sororités : clubs privés où les étudiants se regroupent et se rencontrent suivant leurs intérêts particuliers ; *yearbook* : le livre de l'année, où apparaissent les photos de la promotion.

Une fille, l'air découragé, haussa les épaules et me montra un papier orange scotché sur une barrière de sécurité. Je lus : «En raison d'un manque de personnel, l'inscription à Paris-III sera limitée à 10 personnes. »

À mon arrivée à Paris en 1984, j'avais brièvement étudié le français dans une annexe de Paris-III à Censier, qui ressemblait en ce temps-là à un musée du graffiti pour un centre de recrutement palestinien.

– Je cherche Paris-IV, dis-je au garde. Pourriez-vous me dire où…

– Plus loin.

Je le remerciai et m'engageai sur le large trottoir vers ma nouvelle profession de professeur d'anglais.

– Être licencié n'est pas la fin du monde.

– Toi, tu ne peux pas être licencié.

– C'est différent, dit mon mari, je suis fonctionnaire.

Il heurta son œuf à la coque un peu trop fort de sa cuillère et le jaune coula le long de la coquille.

– Si tu ne veux pas être à nouveau renvoyée, trouve une meilleure solution. Pour enseigner, tu dois passer un concours.

Il me regarda par-dessous.

— Et ça, tu ne peux pas le faire, ajouta-t-il.

— Eh bien, lui rétorquai-je, je me suis pourtant inscrite hier à l'agrégation d'anglais.

Il s'étrangla de rire, projetant sur la table de petits morceaux d'œuf. J'attendis qu'il reprenne son souffle et lui tendis une serviette en papier rose, reliquat de l'anniversaire d'une de nos filles. Il s'essuya les yeux.

— D'anglais ! s'exclama-t-il.

— C'est ma langue maternelle.

— Parce que tu crois que cela va t'aider ?

— Mais, m'entendis-je dire un peu plaintivement, j'ai regardé la liste des livres du concours : Shakespeare, Conrad, Flannery O'Connor, Mencken, Styron, De Quincey. C'est ma culture, je pars avec un avantage sur les autres candidats.

— Parce que tu crois que l'agrég' consiste à lire les livres de la liste ?

Il se remit à rire.

— Explique-moi ce que tu veux dire, lui demandai-je, pincée.

Il se pencha au-dessus de son œuf pour me prendre la main.

— Chérie, à l'agrég' ils vont te prouver par A+B qu'étant ce que tu es, tu ne seras jamais qualifiée pour enseigner en France.

Et qu'étais-je donc ? Une Américaine diplômée ayant travaillé vingt ans dans mon pays d'adoption.

Mère de deux enfants franco-américains. Chef de projets informatiques récemment licenciée. Lectrice vorace.

Je ravalai ma rage.

— Cela sert bien à former des professeurs d'anglais, non ? Je ne vois pas pourquoi je ne pourrais pas apprendre à enseigner l'anglais.

— Ha, ha, ha ! s'exclama-t-il. Regarde le programme ! Combien d'heures de cours sont prévues pour l'enseignement de l'anglais ?

Je retirai ma main de la sienne et attrapai le programme que j'avais gardé, prête à le brandir. Pendant que je le consultais, je me demandais : pourquoi Bernard ne m'a-t-il pas prévenue ?

Chapitre 2

Apprendre à parler

Malgré les plans qui se succèdent depuis quinze ans, les jeunes Français se classent toujours parmi les derniers dans les palmarès internationaux [en anglais].

« Pourquoi les jeunes Français
sont si mauvais en langues étrangères »,
Le Figaro, 2 septembre 2005.

Le premier jour de classe, le 5 octobre 2004, je me présentai au 18, rue de la Sorbonne, excitée comme une vierge le jour de sa nuit de noces et à peu près aussi bien informée. J'étais déguisée en étudiante – jean, vieux pull, mes cheveux marron glacé lâchés sur les épaules. Deux chefs-d'œuvre de l'esprit anglo-saxon, *Lord Jim* et *Chrestomacy*, se heurtaient l'un l'autre dans le fond de mon sac *Get Frenched*. Notre premier cours s'intitulait :

« Entraînement à l'oral ». « Je vais probablement être exemptée », pensai-je.

Des étudiants arrivaient dans le hall. Je remarquai une femme corpulente, aux cheveux particulièrement épais, et un homme mince avec une barbe de trois jours. J'eus un instant envie de leur parler, mais leurs visages fermés me firent rapidement changer d'avis. À onze heures pile, une jolie femme vêtue d'une robe noire ouvrit de l'intérieur la porte de la salle, permettant aux étudiants du cours précédent de sortir. En entrant, je reconnus l'odeur de salpêtre des murs humides. Je posai mes sacs et m'approchai du professeur, qui avait bien treize ans de moins que moi.

— Bonjour, dis-je.

— Bonjour.

— Je ne suis pas sûre de devoir suivre ce cours, l'anglais est ma langue maternelle.

— Oh si, vous devez le suivre. Dans ce cours, vous apprendrez à restituer les textes en français.

— Pas en anglais ?

— Non, sourit-elle, en français.

— Merci.

Chaque cabine contenait un casque et un magnétophone. La prof se pencha vers son microphone et annonça en français : « Nous allons écouter des documents de radio ou de télévision en anglais. 60 % sont britanniques, 30 % américains et 10 % d'autres pays. Vous aurez quelques minutes pour restituer oralement ces documents en français. Vous serez jugés selon trois critères : l'exhaustivité de la restitution, la fidélité au sens, et, très important, la qualité du français. Ce dernier point est capital. Les jurés attendent de vous un français soutenu impeccable. »

Elle expliqua comment formuler notre « restitution ». Il fallait commencer par une petite introduction qui précisait le genre du document (reportage, entretien, débat, forum), le thème (la psychologie enfantine, le cricket, la carrière d'Anthony Hopkins) et les locuteurs (un journaliste, un psychologue, le président de la fédération anglaise de cricket...). Puis il fallait reproduire le contenu en utilisant le discours indirect : « Le journaliste fait allusion aux accusations portées contre la fédération » ; « Le président interrompt brutalement le journaliste » ; « Le joueur nie catégoriquement. » Il fallait parler un français fluide en faisant attention à varier les verbes.

« Si votre équipement ne fonctionne pas, nous expliqua-t-on, soyez patients et changez de cabine. » Puis, on nous relâcha.

Je déjeunai seule dans un bistro cher, aux nappes blanches, qui se trouvait au coin de la rue. Accueillant une clientèle plutôt aisée, il offrait aussi des réductions aux étudiants, mais j'étais trop embarrassée pour en profiter. Je me sentais mal à l'aise : je n'avais plus étudié, passé des examens ni reçu de notes depuis 1987, quand je n'avais encore ni mari, ni travail, ni enfants. En attendant mon café, nerveuse et un peu déstabilisée par l'entraînement oral, je tirai de mon sac le guide du CAPES et de l'agrégation d'anglais 2004-2005. Je ne savais trop comment la restitution orale en français m'avait échappé. Qu'est-ce que j'avais encore raté ? Je tournai lentement les pages. Sous le titre « Épreuves écrites », je lus :

1. Dissertation en français : sur un sujet de littérature ou de civilisation dans le cadre du programme (durée : 7 heures);

2. Commentaire de texte en anglais (durée : 6 heures);

3. Composition de linguistique (durée : 6 heures) :

a) Phonologie, en anglais;

b) Grammaire, en français;

4. Épreuve de traduction. Cette épreuve comporte un thème et une version (durée : 6 heures).

Dissertation en français ? Pendant sept heures ? Pour un examen d'anglais ? Lorsque je me levai pour payer l'addition, je me sentis vaciller sur mes jambes. Le serveur me regarda d'un air plein de sympathie, comme s'il avait déjà vu des cas semblables auparavant. Malgré mon accoutrement, il m'appela «Madame» et me salua en s'inclinant légèrement. Je me dirigeai vers le cours suivant.

À l'entrée du bâtiment, trois vigiles costauds, en uniforme bleu, me barrèrent le passage. «Carte d'étudiant», demanda l'un d'eux. Je la brandis en songeant que le même geste aurait réduit de trois euros l'addition du restaurant. Les hommes firent un pas de côté, me permettant de pénétrer dans la Sorbonne.

Un large escalier de pierre en colimaçon partait sur ma gauche. La peinture jaunâtre des plinthes s'écaillait. Je montai jusqu'à une imposante porte à double battant qui surplombait la Grande Galerie. J'en secouai la poignée sans parvenir à l'ouvrir. Une voix féminine derrière moi dit :

– C'est fermé à clef. On ne peut pas passer de Paris-III à Paris-IV.

Je me retournai et vis une fille au visage fin.

– Je cherche l'amphi Michelet, dis-je.

Elle désigna une autre lourde porte en bois à ma droite, puis fit signe à quelqu'un non loin.

– Merci. Comment t'appelles-tu ?

— Mathilde, répondit-elle avant de disparaître.

Dans la foule des étudiants, je reconnus la grosse fille aux cheveux épais et le barbu maigre du laboratoire de langues. Deux blondes chuchotaient. Je trouvai leur échange rassurant, même s'il ne m'était pas destiné.

Finalement, la porte s'ouvrit, et un flot de jeunes gens en sortit, laissant derrière eux un air vicié. Je suivis mes nouveaux condisciples à travers une antichambre lambrissée, débouchant en haut d'un auditorium garni de pupitres en bois semblables à ceux d'une église. Dans la fosse centrale trônaient un immense bureau en bois et, détail charmant, un piano à queue. Mes jambes, que j'avais toujours jugées d'une taille normale, étaient trop longues pour se glisser sous le pupitre. Mes genoux butaient contre la barrière en bois devant moi.

Les sièges à côté de moi restèrent vides. Je me retournai pour voir où étaient passés les étudiants. Ils étaient éparpillés aux deux derniers rangs, tout en haut.

Le cours portait sur un classique : *Lord Jim* de Joseph Conrad. J'y avais lu l'histoire de cet homme qui rêve de devenir un héros, échoue et essaie de trouver la rédemption avant de mourir. Un des grands intérêts de ce livre est le nombre de moyens qu'a le lecteur de l'aborder. Quelle que soit sa démarche, c'est un de ces rares romans qui gagnent à être relus.

Soudain le brouhaha des conversations cessa. Un homme fringant, aux cheveux blancs, vêtu d'un costume marron et d'une cravate assortie, descendit les marches qui menaient à la fosse et s'assit derrière le microphone.

— Je suis le professeur Gallant, dit-il en français. Vous êtes ici pour préparer un concours. Certaines techniques doivent être acquises pour réussir. Je vous aiderai à les maîtriser.

Il fit passer des photocopies avec une liste de sujets et de dates.

— Qui se porte volontaire pour faire ces leçons ou commentaires ?

Je ne bougeai pas, ignorant ce qu'était une leçon ou un commentaire. Mais derrière moi les bras se levèrent. J'étudiai frénétiquement la photocopie. Qu'étaient censés faire les volontaires ? Était-ce un exercice oral ou écrit ? Dans quelle langue ? Un défilé d'étudiants se dirigea vers la fosse. Chacun écrivait quelque chose sur une feuille de papier avant de remonter.

— Eh bien, dit monsieur Gallant en caressant sa moustache blanche, il reste deux sujets : « L'autre » et « Qui est Jim ? ». Qui les veut ?

Je levai la main.

— J'ai une question, dis-je en français, puisque personne ne s'exprimait en anglais. En quelle langue sont ces, euh, ces exposés ?

Il eut l'air étonné.

— Les commentaires sont en anglais et les leçons en français, répondit-il en me dévisageant.

— Merci.

Pourquoi étais-je la seule à poser cette question ? Tous les autres savaient-ils de quoi il s'agissait et, si oui, comment ? Ou avaient-ils si peur des questions qu'ils se portaient volontaires de toute façon ?

Le professeur Gallant approcha le micro de sa bouche.

— Joseph Conrad, dont la langue maternelle était le polonais…

Je me mis à noter dans mon cahier :

« Servit pendant des années dans la marine marchande française et parlait parfaitement le français. Il aurait pu devenir un écrivain français célèbre. Mais, en dépit du fait qu'il n'ait jamais pu parler cette langue sans erreur, il choisit l'anglais. Ou, plus exactement, l'anglais le choisit : le français, semble-t-il, était une langue trop précise. »

Pour la première fois de la journée, je ressentis un sentiment familier. Conrad, comme je te comprends.

Ce soir-là, quand je sortis de la baignoire, ma fille Linda se mit à crier :

— Maman, tes genoux sont tout noirs.

— Mets ton pyjama et arrête de faire la folle, lui dis-je.

Mais mon autre fille se joignit à elle, et toutes deux formèrent devant moi une barrière d'une inégale hauteur.

— Maman, est-ce que tu as eu un accident ?

Mon mari, piqué par la curiosité, s'approcha à pas feutrés. Je resserrai la serviette autour de moi.

— Tout va bien.

Ces foutus bancs en bois. La cadette, âgée de six ans à peine, se mit à pleurer. Je regardai mes filles : elles étaient tellement adorables, fraîches, pleines d'espoir. Linda (qui pleurait toujours, bien qu'elle fût dans mes bras) venait d'entrer à l'école primaire. Ève, l'aînée, était en sixième. Soudain, mon premier jour à la Sorbonne sembla sans intérêt. Je décidai que nous parlerions d'autres sujets au dîner, de leurs amis, des professeurs de l'une, de la maîtresse de l'autre, de ce qu'elles apprenaient, de ce qu'elles avaient mangé à la cantine. Nous parlerions de leur monde et non du mien. Oui, pensai-je en massant doucement mon genou noir, il vaut mieux garder ces deux mondes séparés pour le moment.

Chapitre 3

Confessions
d'un mangeur d'opium anglais

> *On donnait beaucoup d'importance à la forme*
> *dans laquelle étaient présentés les arguments.*
> *Certains cultivaient l'hermétisme, un jargon et des*
> *subtilités incompréhensibles aux non-initiés.*
>
> Theodore Zeldin,
> *Histoire des passions françaises 1848-1945.*

Le lendemain était un mercredi. En France, les enfants de la maternelle jusqu'au CM2 n'ont pas école le mercredi. En revanche, ils vont en classe le samedi matin. Puis, à partir de la sixième, ils ne vont plus à l'école le samedi, mais le mercredi matin. Par conséquent, le rythme scolaire règle la vie des familles six jours sur sept, ce qui explique que tant de mères en France demandent un jour de congé le mercredi.

Pour les étudiants d'agrég' de Paris-IV, aucun cours n'était prévu le lundi et le vendredi. Le mercredi, en revanche, les cours commençaient à 8 heures et s'enchaînaient sans interruption jusqu'à 19 heures. Après avoir mobilisé mari, voisins et fille aînée pour s'occuper à tour de rôle de ma cadette, c'est le cœur lourd et un téléphone portable dans mon sac que je me mis en route pour le cours sur *Les Confessions d'un mangeur d'opium*. Écrit en 1821, ce livre de Thomas De Quincey raconte ses errances physiques et métaphysiques à Londres sous l'emprise de la drogue. Je l'avais trouvé poétique, philosophique, bizarre et très divertissant. J'arrivai à l'amphithéâtre juste à temps pour aller m'asseoir dans un des rangs vides du devant. Il faisait déjà chaud.

– Oh non, soupira une voix de femme derrière moi.

– Quoi ? demanda une voix de garçon.

La fille maugréa :

– On a sept heures dans cette pièce, aujourd'hui.

Ce fut suffisant pour m'inquiéter. Nous étions dans l'amphi Quinet, aux mêmes bancs durs que le Michelet, mais où aucune place n'était prévue pour prendre des notes, à part au premier rang, sur un petit rebord. Un quart d'heure plus tard, mes fesses étaient déjà engourdies. Je fis une boule de mon manteau et m'assis dessus. Quelque chose me gênait encore. Je me levai, retirai de mes poches tickets de métro et pièces de monnaie et me rassis. Je posai mon cahier, mon stylo, mon livre et mes lunettes de lecture sur l'étroit rebord. Derrière moi, des étudiants plus souples faisaient tenir en équilibre leurs feuilles sur leurs cuisses. Il était maintenant 10 heures et deux minutes. Nous étions impatients d'apprendre. De la vapeur s'élevait de nous comme de légumes à l'étuvée. Je m'épongeai la nuque.

Le professeur entra. Il s'appelait Bourreau, et les étudiants semblaient le craindre. La plupart d'entre eux étaient installés au tout dernier rang. Là-haut, à gauche, je reconnus Mathilde. Une légère pellicule de sueur faisait brillait son visage mince et cramoisi.

– Bonjour, dit Bourreau en français.

Il était svelte, distingué, et sa barbe soigneusement taillée. Un mélange intrigant d'humour, d'intelligence et de cruauté dansait dans ses yeux quand il annonça :

– Vous devrez rendre votre dissertation le 3 novembre. Le sujet est : « Le sens du temps et le temps du sens. »

C'était tellement merveilleux que je me répétai à voix basse : « Le sens du temps et le temps du sens. » Jamais je n'avais pensé à un tel sujet et encore moins à essayer d'en disserter.

Bourreau, semblable à un diable bichonné mais sans cornes, commença alors son cours magistral :

— « *Oh, then I say that I had wings like a dove for then I would fly away and be at rest.* »

J'imitai les autres étudiants et commençai à prendre note.

— Cette citation du psaume LV-6 apparaît deux fois dans les *Confessions* : pages 35 et 37.

Gratte-gratte.

— Attention : page 196 : « crocodiles » ! Page 48 : « Ode à l'immobilité ».

Gratte-gratte.

— Parallèle avec *Pilgrims Progress* et *Paradise Lost* de Milton !

« *Paradis*. Milton. Chrétien. Pèlerin. » Une crampe à la main, je soulignai trois fois cette dernière partie sur les pèlerins. Le professeur Bourreau entrait et sortait du texte comme un lutin, citant des passages, faisant se succéder des thèmes tel un équilibriste : « ode à l'immobilité » ou « loi des antagonismes ». Il carénait à travers les *Confessions* comme un illuminé, lançant des numéros de pages et de longues citations, qu'il récitait avec un accent britannique exagéré. Derrière moi, mes compétiteurs écrivaient furieusement. Je les singeais.

Bourreau parlait tellement vite que, pour la première fois depuis que j'avais appris à lire, quarante ans plus tôt, je brisai un commandement : j'écrivis sur le livre. Je soulignai des passages que je ne parvenais pas à recopier assez vite. Un sacrilège !

– De Quincey voyage dans un paysage linguistique inconnu, expliqua Bourreau.

« Amen », pensai-je.

Il poursuivit :

– Pages 6, 14, 35, 36 : références aux langues mortes grecque et latine ; page 53 : à l'allemand ; pages 51, 60, 61, 55 : à d'autres langues encore. C'est une errance qui ne mène nulle part ! Le rêveur redécouvre la passivité d'un enfant alors que tout se transforme autour de lui. Il retrouve son statut en tant qu'objet (pages 75, 76), pas en tant que sujet !

Le professeur était un orateur brillant, mais que faisions-nous exactement ? Honnêtement, je n'en avais aucune idée. Durant la pause de cinq minutes avant le cours suivant, j'attrapai Mathilde. Elle était en train d'éplucher une mandarine pour le déjeuner.

– Qu'as-tu pensé du cours ? lui demandai-je.

Elle s'anima instantanément.

– Merveilleuse analyse littéraire.

Son visage s'épanouit. Une jeune femme assise à côté d'elle, au visage rond et intelligent encadré par des cheveux bruns en désordre, s'enthousiasma à son tour :

– Il est éblouissant, j'apprends tant de choses grâce à lui.

Mes lamentations moururent dans ma gorge.

– Qu'est-ce qui fait de lui un bon prof ? demandai-je à la fille, réellement curieuse de le savoir.

– C'est la façon dont il illustre les thèmes qu'il développe en citant des passages du texte, dit-elle. La richesse de son langage. La précision avec laquelle il analyse les techniques littéraires utilisées par l'auteur. La progression logique de ses idées.

Son visage rayonnait au souvenir des deux dernières heures. Elle s'appelait Floriane. Elle ferait un bon professeur, pensai-je. Il ne me sembla pas nécessaire d'exhiber ma propre confusion. Si elles appréciaient monsieur Bourreau, je pourrais apprendre à l'apprécier aussi. Peut-être n'étais-je simplement pas habituée au cours magistral traditionnel, où le professeur parle sans interruption. Je me souvenais de l'université comme d'un lieu interactif. Mais c'était il y a longtemps. Serais-je à la hauteur ici ?

L'enseignant suivant était déjà dans la salle et avait placé ses notes sur le bureau quand je regagnai ma place.

Je n'ai que peu de souvenirs de ce cours-là, peut-être parce que mon cœur cesse de pomper le sang vers mon cerveau quand la température dépasse les 30 degrés. Les étudiants remontaient les escaliers pour aller absorber un peu d'oxygène avant les trois heures de grammaire.

J'appelai chez nous. Linda répondit :

– Maman, quand rentres-tu ?

Je décidai d'abandonner le cours de grammaire, qui avait toujours été mon point fort en fac.

À la sortie de l'amphi, l'air frais qui arrivait de la rue glaça ma peau moite. Ma chemise était humide. Je frissonnai et resserrai autour de moi les pans de mon manteau pour me protéger. Des masses de nuages couraient dans le ciel. *Voyage immobile.* Une errance qui ne menait à rien. Était-ce ce que je faisais ? Non ! Je fis demi-tour, déterminée à rester pour le cours de grammaire.

Il faisait encore plus chaud à mon retour dans l'amphi. Toutes les fenêtres étaient fermées. Le professeur, à la fois ratatiné et amical, me faisait penser à un nain de jardin. Il parlait un français très rapide. À l'instar de De Quincey, qui, l'esprit embrumé par l'opium, aima l'opéra italien justement parce qu'il ne comprenait pas l'italien, j'appréciai le cours sans rien y saisir. Je décidai de noter chaque mot qui m'était inconnu. Le premier fut : *modalité*.

— La modalité est une catégorie de la pensée avant d'être une catégorie de la grammaire.

Une catégorie de la pensée, bon, c'était une notion intéressante au moins. Je me penchai vers la fosse pour en tirer plus.

— L'accès à la réalité du procès est-il assuré ? demanda-t-il en français. On doit distinguer entre la modalité radicale et la modalité épistémique. Le procès est-il ou n'est-il pas ? Il peut se passer ceci ou cela — discuter de l'adéquation entre une présentation mentale et le monde.

Quoi ? Je n'avais pas la moindre idée de ce que pouvait être la modalité, et encore moins une modalité radicale ou épistémique. En avait-on parlé en *English 301*[1] ? Si seulement il avait pu nous donner un exemple concret.

— Il devrait nous donner un exemple en anglais, chuchotai-je à la Française écrivant comme une folle à côté de moi.

Elle s'étonna :

— Mais il vient d'en utiliser un.

C'est bizarre, pensai-je, je l'ai manqué.

— Quand ?

---

1. À l'université américaine, c'est le cours d'anglais avancé.

La fille écarquilla les yeux.

– Écoute, répondit-elle dans un sifflement.

J'ouvris toutes grandes mes oreilles, mais je ne pouvais pas déceler un seul mot d'anglais.

– Maintenant ? demandai-je.

– Oui, maintenant, il vient juste de donner un autre exemple en anglais !

Le professeur avait fait quelques bruitages, mais rien qui ressemblât à de l'anglais. Une peur terrible s'empara de moi.

– Ce qu'il vient de dire était en anglais ?

– Oui, oui, dit la fille exaspérée.

J'écoutai avec concentration. En vingt ans en France, je n'avais jamais entendu pire anglais.

– Il a une sorte de léger accent, non ?

– Chhhut, tu me fais tout rater.

Le professeur fit un petit saut et prononça avec émotion :

– Il y a combinaison possible entre modalité épistémique et radicale !

Je jetai un coup d'œil à la montre d'un étudiant qui se trouvait un rang plus bas. Encore une heure avant le prochain cours. Je posai mon stylo et laissai les mots passer au-dessus de moi comme une vague. Je ne pouvais pas partir puisque j'étais assise comme d'habitude juste devant le bureau.

Mon téléphone sonna. J'avais oublié de l'éteindre. Je fouillai dans mon sac pour le faire taire. Encore vingt-cinq minutes. La sueur coulait de mes sourcils dans mes yeux. Manifestement excité, le professeur cria :

— L'opposition entre le positif et le négatif crée une tension qui apparaît aussi dans le monde !

Franchement, j'étais on ne peut plus d'accord là-dessus.

Il finit par se lever, nous remercia poliment pour notre attention et quitta la classe. Je demeurai assise, en état de choc. La vérité était que je n'avais pas reconnu ma langue maternelle. Je croyais que nous allions revoir les éléments de la phrase — noms, verbes, adjectifs, adverbes, prépositions — ou peut-être étudier les temps de la conjugaison, réviser la place des pronoms, ou encore faire l'analyse de quelques exemples. Qu'avais-je reçu à la place ? Une initiation à un code secret. Il est vrai que parler une langue couramment ne fait pas plus de vous un expert en grammaire que dépenser de l'argent ne vous transforme en économiste. Mais de là à ne rien comprendre ?

Les autres étudiants discutaient calmement entre eux comme si de rien n'était. Je regardai mes notes. «La seule certitude est le manque de certitude, aucune règle n'est absolue, chaque postulat est le point de départ d'une réflexion, d'une *problématique*. Soyez prudents, les livres de grammaire sont dangereux ! » Le professeur avait-il vraiment dit cela ?

Tout le monde était parti. Je restai seule avec mes pensées face à l'estrade. Un bruit de pas me fit me retourner. C'était Mathilde qui avait oublié un sac.

— Salut, lançai-je, sortant de ma torpeur. Est-ce que tu permets que je te pose une question ?

— Bien sûr.

— J'ai eu du mal à suivre ce truc avec les modes et les modalités. Tu as compris le cours, toi ?

Elle fronça les sourcils.

— Non, pas un mot.

Elle fouilla dans son sac et en tira une petite boîte argentée.

— Il y a tout un vocabulaire technique à apprendre. C'est très compliqué. Presque comme une langue à part. Mais je l'ai enregistré, ajouta-t-elle. Je vais l'étudier à la maison.

Avais-je bien entendu ? Allait-elle vraiment réécouter ce charabia chez elle ?

J'étais aussi fraîche qu'un sachet de thé après trois heures dans de l'eau chaude. Les jambes en coton, je montai les marches. Je me sentais prise de vertige et un peu nauséeuse.

Dans ma jeunesse, j'avais donné des cours d'informatique. IBM venait de commercialiser son PC, et les gens avaient besoin d'aide. De toute nationalité, de tout âge, de toute profession et de tout niveau d'éducation, mes élèves partageaient une chose, l'envie d'apprendre. J'adorais voir leurs progrès, souvent spectaculaires.

Pour moi, le défi essentiel, c'était de trouver les mots clairs, illustrés d'exemples que mes élèves pouvaient comprendre, suivis des exercices pratiques qu'ils pouvaient réussir. Plus un sujet était complexe, plus il importait de trouver des paroles limpides pour l'expliquer. Le jargon était l'ennemi absolu. Il tuait la communication. Il confondait les élèves et les décourageait en leur donnant l'impression d'être stupides. Je l'avais sciemment chassé de mes présentations.

Que se passerait-il si un professeur de lycée parlait à des enfants comme ce professeur de linguistique ? Étudier ce code étrange ferait-il de nous de meilleurs professeurs ? Je frissonnai.

Le jargon était-il une maladie intellectuellement transmissible, qu'on pouvait attraper dans des classes mal ventilées ?

— Ils ont ajouté la linguistique au programme en 1999.

Mathilde me regardait, serrant son sac contre sa poitrine.

— Merci, dis-je.

Mais elle était déjà remontée et partie.

— Tu sais pourquoi, n'est-ce pas ? demanda quelqu'un.

— Quoi ?

J'essayai de localiser l'origine de la voix à l'accent britannique. Mais je ne vis personne.

— Où êtes-vous ?

— Ici.

La voix sèche venait du haut de l'auditorium. Je me retournai et découvris une petite femme, d'environ mon âge, avec des cheveux rouge vif. Je grimpai vers elle.

— Bonjour, dis-je, légèrement hors d'haleine, en tendant la main, je m'appelle Alice.

Elle hésita un moment, puis enserra mes doigts dans une poignée de main étonnamment ferme.

— Enchantée de faire votre connaissance, dit-elle. Rebecca. Et la raison pour laquelle ils ont ajouté la linguistique, c'est évidemment pour nous éliminer.

Je ris.

— Cela expliquerait aussi le manque de ventilation.

Elle ignora ma remarque.

— Je suppose que vous êtes américaine.

— Oui, à l'origine. Et française aussi.

— Bon, Alice, vous ne pensez pas sérieusement que le but d'un concours comme l'agrég' est de produire des Français qui parlent comme des

Américains ? Vraiment, *darling*, ne vous vexez pas, mais vous pouvez imaginer la nature du problème, n'est-ce pas ? C'est un concours pour les élites, pas pour des mangeurs de hot-dogs !

Je cessai de rire.

— Et l'anglais britannique ? lui demandai-je.

— L'anglais britannique est plus toléré que la version américaine, dit-elle, bien que, d'après ce que j'ai vu, je les soupçonne de préférer encore l'anglais à la sauce française.

Mon téléphone sonna dans mon sac sur le banc en bas.

— Excusez-moi, dis-je.

Quand j'eus terminé ma communication, Rebecca avait disparu.

7 octobre. Après une nuit de cauchemars et un réveil en panique, c'était la première fois depuis que j'étais inscrite à la Sorbonne que je me retrouvais sur une chaise, devant une table. Rien de luxueux, mais mes genoux se réjouissaient. Salle 363 : un trésor bien caché. Les architectes de la Sorbonne avaient dû faire la fête avec De Quincey et boire du laudanum rubis au moment de concevoir cet endroit confortable. Il m'avait fallu trente minutes d'errance pour trouver la salle 363, avec l'aide de tous ceux qui croisaient mon chemin. Le numérotage était fantaisiste.

Les portes étaient partout fermées à clef. Il était impossible d'atteindre le troisième étage par l'ascenseur pour accéder à la salle 363. Ou en fait si, mais ce n'était pas la bonne salle 363. Il fallait prendre la cage d'escalier F, pas la H ou la G. Il n'y avait pas de plan. Correction : il y en avait un, mais la flèche « vous êtes ici » indiquait toujours le même endroit.

C'était magique et déconcertant comme les escaliers mouvants de l'école de sorciers de Harry Potter. J'arrivai en nage. Rebecca, l'étrange Britannique, se matérialisa derrière moi.

— C'est un test de plus, dit-elle, ils font ça pour nous décourager.

— Non !

Elle rajusta son écharpe jaune et rouge, assortie à son gilet et à ses chaussures.

— Mais, *darling*, c'est parfaitement vrai.

La porte s'ouvrit, révélant les chaises et les tables. Le professeur, une femme au doux regard protégé par des bifocales, spécialiste de Shakespeare, s'agitait derrière son bureau.

— Est-ce que quelqu'un sait comment faire marcher ce micro, implora-t-elle avec un accent britannique.

Un jeune homme voûté s'avança et tripota l'objet sans succès.

– Bon, dit-elle, en nous regardant au-dessus de ses lunettes, je vais devoir crier.

Durant les deux heures qui suivirent, madame Chips hurla donc son cours sur Shakespeare. Nous étudiions *Richard II.* Chips expliqua comment l'histoire s'était fait une place dans la littérature. Nous passâmes d'Aristote à Vico, via Kant, Hegel, Marx et Freud, avec un court détour par Habermas et Derrida, avant de revenir à *Richard II.*

– Au Moyen Âge, l'histoire devint une leçon de morale pour les princes, dit le professeur Chips. Le Richard II de Shakespeare a de mauvais conseillers et connaît donc une fin tragique. Mais, si l'Histoire est instructive, elle est aussi honteusement partisane.

Elle précisa ensuite que les différents chroniqueurs consultés par Shakespeare avaient écrit différentes versions de l'histoire de Richard II, suivant leur appartenance politique.

Le contexte : voilà ce qui avait manqué à l'intelligente conférence sur le mangeur d'opium. Cette fois, nous comprenions que la position de Shakespeare sur la question de la déposition de Richard II par Bolingbroke aurait pu lui coûter sa tête. La reine Elizabeth I, pour qui Shakespeare écrivait, n'aurait pas hésité à la lui faire couper. Pensez au célèbre portrait qui la montre le visage blanc et le cou entouré d'un jabot en dentelle. Elizabeth ressemble-t-elle à une reine qui vous laisserait prêcher le régicide sans vous transpercer d'un tisonnier chauffé à blanc ?

– Si nous nous penchons encore sur les pièces de Shakespeare aujourd'hui, s'époumonait Chips, c'est en partie parce que la vie du poète-historien dépendait de sa subtilité.

C'était une information nouvelle pour moi, et qui me semblait importante. J'étais heureuse que Chips ait souligné les circonstances dans lesquelles Shakespeare écrivait. À l'avenir, lorsque je lirais ses pièces, je serais plus attentive aux risques que l'auteur avait pris et su éviter, à l'équilibre fragile des mots dont dépendait sa vie. Le cours s'acheva quand le professeur Chips eut la voix enrouée au point de ne plus pouvoir se faire entendre. Le plaisir de la découverte me grisa. J'avais tellement aimé ce cours que j'avais envie d'applaudir.

Chapitre 4

Pieds de cochon

*Recherche personne pour encadrer enfants
au moment du repas : 9 euros 82 brut.*

Affiche sur la porte
de l'école élémentaire Jules-Verne

— Voudriez-vous enseigner l'anglais ?

Les membres de la commission « culture et
sport », dont je fais partie au conseil municipal,
étaient en train d'examiner les daguerréotypes
exposés dans le hall reliant la chambre du conseil
à celle de la commission. L'humidité et l'alter-
nance entre la chaleur et le froid les détruisaient.
Nous étions censés trouver une solution pour les
sauver. Mais madame Dupond, du bureau du
maire, détournait mon attention.

— On a besoin de quelqu'un pour le CE2,
chuchota-t-elle.

Elle m'attira dans un coin derrière les étagères en verre où gisaient des trésors en mal de conservation.

— Neuf heures par semaine, précisa-t-elle, vous débuteriez tout de suite.

— On n'a pas besoin d'un diplôme pour ça ? demandai-je.

— Vous êtes anglaise ?

— Non, américaine.

— Il y a des facilités particulières pour engager les anglophones, fit-elle dans un clin d'œil.

Je restai abasourdie. Des facilités.

— Eh bien, je ne sais pas. Je suis en train de préparer l'agrégation d'anglais. Je n'ai pas beaucoup de temps.

— L'agrégation ? C'est merveilleux. Est-ce que je peux vous donner les coordonnées de la personne à joindre à l'Éducation nationale ?

— Oui, sans doute. Mais ne dois-je pas suivre un stage ?

— Non, sourit-elle, absolument pas.

J'eus la vision d'une multitude d'enfants, assis immobiles devant leurs petits pupitres. Je leur disais : « *Hello children.* » Madame Dupont interrompit ma rêverie.

— En ce qui concerne la rémunération, dit-elle avec précaution, elle est de 10 euros et 70 centimes de l'heure, mais vos cours durent quarante-cinq minutes, avec une pause de quinze minutes.

Puis elle ajouta à voix basse :

— Les pauses ne sont pas payées.

Cette nuit-là, je me réveillai suffocante. Mon mari, détaché, ronflait. À l'étage, sous les combles de notre petite maison en pierre, mes enfants dormaient, rassemblant leurs forces pour une nouvelle journée d'école. Dehors, la lumière d'un réverbère perçait l'obscurité. Si je laissais tomber l'agrég' et prenais le travail offert par l'Éducation nationale, je me retrouverais seule dans une pièce avec trente gamins de huit ans, pour être payée au SMIC. L'horloge du magnétoscope clignotait sur 00:00 tel l'oracle de ma destinée. Étais-je en train de faire une crise d'angoisse ?

21 octobre. L'écrit de l'agrég' comportait un thème et une version. Le professeur de version m'avait gratifié d'un 0 sur 20 pour mon premier devoir, la traduction d'un texte de Virginia Woolf. J'espérais donc un peu d'encouragement de la part du professeur de thème. Il avait l'air sympathique. Il se balançait sur ses talons en nous rendant nos devoirs. J'avais travaillé dur sur cet extrait du roman *Les Âmes grises*.

Il appela chaque étudiant par son prénom. Mathilde avait reçu sa copie et souriait. Il n'en restait plus que deux. Même de ma place, je pouvais voir qu'elles étaient couvertes de rouge.

– Mademoiselle Wunderland ?

Ma note était de 4 sur 20. En anglais !

« *Lecture superficielle, grammaire peu sûre* annonçaient les commentaires en rouge, *vous devez être plus rigoureuse si vous voulez progresser.* » 4 sur 20, dans ma langue maternelle. Les étudiants qui m'entouraient cessèrent d'exister. Je ne connaissais pas leurs notes et cela ne m'intéressait pas. Je mis mes lunettes et me penchai sur ma copie. C'est vrai, j'avais fait des erreurs stupides, mais en gros le texte ne me semblait pas si mauvais que ça. Je levai la tête, les joues encore empourprées d'humiliation. Le professeur était en train de proposer sa propre traduction. Bien que Français, il avait un très bon accent britannique et un vocabulaire riche et subtil. J'écoutai avec attention, notant tout ce qu'il disait.

« *Pig's feet* », ma traduction pour « pieds de cochon », avait été entourée de rouge.

– « *Pig's trotters* », annonça le professeur. « *Feet* » désigne les pattes du cochon, ce avec quoi il marche ; « *trotters* » désigne ce qu'on mange.

Plus loin, « *office* » était rejeté en faveur de « *study* » pour le mot « bureau ». Je me sentis un peu déstabilisée. Peut-être que je ne savais réellement pas l'anglais. C'est alors que survint le mot « dépendu ».

« Dépendre » est un verbe français vraiment formidable et, si scandaleuse que soit cette carence, il n'a pas d'équivalent en anglais. Le mot intervient au cours d'une scène terrible des *Âmes grises*. L'histoire se passe pendant la Première Guerre mondiale. Les notables du village, le maire, le procureur, le chef de la police, sont en train de ripailler tandis que deux jeunes déserteurs accusés de meurtre sont torturés. L'un est attaché, nu, à un arbre malingre dans la cour glaciale. L'autre, enfermé dans la cave, s'est pendu. D'où la nécessité de le « dépendre ».

Comment décrire les gestes nécessaires pour détacher un être humain d'une corde, d'une ceinture ou d'un drap avec lequel il s'est étranglé ? En français, c'est facile, grâce au préfixe « dé ». Mais en anglais ? Ma proposition, « *take down the body* », était sanctionnée. Le professeur suggéra « *hanged down* » ou « *hanged off* ». Je dressai l'oreille, car j'étais pratiquement sûre qu'aucune de ces expressions n'existait. Il est vrai que je ne suis pas une experte en pendaison et dépendaison durant la Première Guerre mondiale. Je cherchai du regard les autres anglophones de la classe. Qu'en pensaient-ils ? Rebecca, qui ne mâchait jamais ses mots, leva la main et dit dans son anglais articulé :

— Je suis un peu mal à l'aise avec le mot «*hanged off*». On pourrait dire, par exemple, «descendre le corps du pendu» ?

Elle faisait un effort visible pour être polie, mais son air consterné disait que même les Britanniques ne dépendaient personne.

Le lendemain, je cherchai «*trotters*» dans le Webster's, le dictionnaire utilisé par tous les Américains. Et je trouvai bien : «pieds de cochon quand ils sont mangés», exactement comme l'avait dit le professeur.

J'appelai une amie :

— Comment dis-tu «pieds de cochon» en anglais ?

— Bonjour, me dit-elle, tout va bien ?

— Oui, oui, alors ?

Elle hésita un moment, puis dit :

— *Pig's feet.*

— Ha ! exultai-je, merci !

Je raccrochai. Il était 22 heures à Paris. En Arizona, c'était le milieu de l'après-midi. J'appelai ma mère.

— Bonjour maman.

— Oh, bonjour.

– Maman, j'ai une question. Si tu devais manger des pieds de cochon, comment tu les appellerais ?

La question était étrangement formulée, mais ma mère ne parle pas le français.

– Je ne mange pas de pieds de cochon, répondit-elle, mais je les appellerais comme tu viens de le faire, *pig's feet*.

– Pas « *trotters* » ?

– Pardon ?

– *Trotters*. Tu connais ce mot ?

– Je ne l'ai jamais entendu.

Je devrais préciser ici que ma mère a grandi dans une ferme du Minnesota. Elle s'y connaît en cochons.

– Tu n'as jamais entendu employer le mot « *trotters* » ? vociférai-je.

– C'est important ?

– Merci maman ! Je dois y aller maintenant.

– Les filles vont bien ?

– Bien, très bien. Merci pour l'information. Je te rappellerai plus tard. Au revoir !

Je raccrochai. Ma mère non plus n'avait jamais entendu le mot « *trotters* » ! C'était ridicule, bien sûr, et je le savais. Le Webster's était parfaitement d'accord avec le professeur. « *Trotters* » et non ce « *pig's feet* ». La belle affaire !

Cette nuit-là, je ne parvins pas à dormir. Pourquoi apprenions-nous des mots que personne ne connaissait, ni moi, ni mes amis, ni ma propre mère ? La situation me semblait désespérée. Mon seul avantage pour préparer ce concours était ma maîtrise de l'anglais. Quand je parlais, les autres anglophones m'écoutaient et me comprenaient. Quand j'écrivais, ils me lisaient sans difficultés. Nous arrivions à communiquer par le biais de notre langue.

Mais si, comme j'en avais subitement l'impression, le but n'était pas de communiquer, que devenait cet avantage ? Il cessait d'exister. Pire, si le seul arbitre était ce dictionnaire interprété par un Français formé à la Sorbonne, que me restait-il ? Ma langue, celle avec laquelle je vivais, était décrétée illégitime par ces pages reliées en cuir – de cochon, si ça se trouve.

Un jour, ma fille Ève était rentrée à la maison en pleurant. Elle était en CM1, dans un établissement public. Elle avait toujours adoré l'école. Chacune de ses maîtresses, depuis sa première année de maternelle, avait été un vrai joyau. Apprendre à lire avait été pour elle une découverte de chaque instant. Et même les longues divisions, la seule chose qui lui eût donné du mal, avaient fini par être maîtrisées.

— Chérie, qu'est-ce qui ne va pas ?

Ève regardait fixement le sol.

— L'anglais, dit-elle, mon anglais n'est pas bon.

Depuis sa naissance, j'avais parlé à Ève en anglais. C'était une décision mûrement réfléchie. Ma famille vivait aux États-Unis. Pour communiquer avec leurs grands-parents et leurs tantes, Ève et sa petite sœur devaient tout simplement connaître l'anglais. Pour le français, mon mari et moi nous en remettions entièrement à l'école. Et, jusque-là, nous n'avions eu aucune raison de regretter notre décision.

— Je ne comprends pas, dis-je. Tu parles couramment l'anglais. Les autres enfants apprennent à peine à compter.

Je m'agenouillai près d'elle.

— Quelle erreur as-tu bien pu commettre ?

— C'est l'orthographe, répondit-elle au bout d'un moment. Regarde.

Je pris la feuille. L'écriture nette d'Ève était défigurée par un vilain cercle rouge, autour du mot « *color* ».

— Mais c'est correct ! C.O.L.O.R. Parfait.

Ses yeux bruns se remplirent de larmes.

— Non, maman, c'est faux. Le professeur l'a dit. C'est américain, et l'américain, c'est pas bon. Il faut écrire « *COLOUR* », avec un « U ».

J'avais bien ri quand sa classe avait fait des exercices avec le mot «*rubber*», qui signifie «gomme» pour un Britannique et «préservatif» pour un Américain. Mais, là, je ne riais plus. L'anglais écrit par les Américains était considéré par certains comme un dialecte inférieur qu'il ne fallait pas tolérer. Nous risquions un conflit constant entre la langue que la famille d'Ève (et des centaines de millions d'autres gens) parlait et écrivait et celle que les professeurs formés dans les IUFM accepteraient d'elle.

— C'est parfaitement juste, insistai-je, et ton professeur aurait dû vous parler des deux orthographes. Les deux sont correctes.

Je discernai de la pitié dans ses yeux. Non pour elle-même, mais pour moi. L'année suivante, je la transférerais en allemand.

— Pourquoi l'allemand ? gémit-elle quand elle comprit qu'elle serait séparée de ses amies, qui continueraient l'apprentissage de l'anglais.

— Parce que, s'ils veulent essayer de te convaincre que tu ne connais pas une langue, je préfère que ce soit l'allemand.

Chapitre 5

Il faut que je vous parle

SIAC Second degré, statistiques de la session 2005: agrégation
- *sections-options : 37, dont arts, biochimie, économie, langues vivantes étrangères, lettres, mathématiques, mécanique, musique, philosophie, sciences et éducation sportive*
- *inscrits : 43 461 (candidats externes : 27 599; internes : 15 862).*
- *postes : 2 890 (externes : 1 940; internes : 950)*
- *postes en anglais : 213 (externes : 145; internes : 68).*

26 octobre.

– L'agrégation, dit monsieur Gallant, est comme une compétition sportive.

Il était protégé des étudiants par un bureau massif orné d'une douzaine de panneaux sculptés.

Un effaceur noir aimanté sur un grand tableau blanc ressemblait à une mouche géante. Mon regard s'arrêta sur une plaque en l'honneur d'Albert Mathiez, «*tombé parmi les étudiants dans cet amphithéâtre, le 25 février 1932*». Qu'avait-il bien pu se passer ici en 1932 ?

Je me penchai sur ma gauche et murmurai :

— On prend un pot après le cours ?

Mathilde approuva d'un mouvement de tête. À la sortie, l'amie de Mathilde, la brillante Floriane, se joignit à nous et nous marchâmes dans les rues tortueuses du Quartier latin, en discutant comme trois étudiantes n'importe où dans le monde. Je ressentis une bouffée de bien-être. Peut-être qu'après tout l'agrég' n'était pas une version estudiantine de « Survivor [1] ».

Nous nous assîmes au café du coin pour boire une bière pression. Nous discutâmes de littérature et des études que nous avions faites avant de préparer ce concours. Les filles semblaient immunisées contre l'étrange atmosphère de compétition qui empoisonnait la plupart de nos camarades. Je sentis que je pouvais leur parler.

— Que pensez-vous des cours ? Pensez-vous qu'ils vont vous aider à devenir de meilleurs professeurs ?

---

1. «Survivant» : une émission de téléréalité où les candidats sont éliminés au fur et à mesure.

Mathilde regarda Floriane, et elles éclatèrent de rire. Puis Floriane posa sa bière et me regarda droit dans les yeux.

— Aucun de ces cours n'a de rapport avec l'enseignement, dit-elle, ni à l'université ni au lycée. C'est un concours, c'est tout. Les seuls talents d'enseignant que nous aurons, c'est nous qui devrons les développer. Tu sais cela, n'est-ce pas ?

— Et ça ne te gêne pas ? m'obstinai-je.

Floriane haussa les épaules.

— C'est comme ça, dit-elle, et je ne vois personne essayer de changer le système.

28 octobre. Nouvel exercice de version. Le professeur, vêtu d'un gilet noir, ressemblait à un acteur de cinéma, croisement entre George Clooney et Johnny Depp. Il avait les mains délicates des universitaires et les sourcils arqués, comme sous l'effet d'une constante surprise. Au moment de me rendre ma copie, il se pencha vers moi et me chuchota :

— Il faut que je vous parle.

Je n'eus même pas besoin de jeter un coup d'œil sur mon devoir pour savoir de quoi : un autre zéro. Moins anéantie que la première fois, j'essayai d'adopter une attitude positive et de me concentrer sur la correction collective. À la fin du cours, je me présentai devant le bureau.

— Euh, monsieur, dis-je en français, vous vouliez me parler ?

— Ça vous dérange si nous sortons ?

— Non, pas du tout.

Nous montâmes les marches ensemble. Une fois dans le hall, le beau professeur alluma une cigarette. Apparemment mal à l'aise, il cherchait un moyen d'aborder le sujet de mon incompétence dans la langue de Molière. Il aspira longuement la fumée.

— Est-ce que cela fait longtemps que vous êtes en France ?

— Vingt ans.

— Oh !

Il était visiblement choqué.

— Je pensais que vous veniez d'arriver.

J'essayai d'ignorer les implications de cette phrase.

— Non, non, réussis-je à dire, j'ai travaillé dans une firme française pendant dix-sept ans. Et j'ai un diplôme de HEC.

Il souleva encore plus ses adorables sourcils.

— Mais, me hâtai-je d'ajouter, comme vous le voyez, je suis anglophone.

Dit sur ce ton, cela avait l'air d'être une maladie.

– Eh bien, conclut-il en écrasant sa cigarette, cela ne m'est jamais arrivé. Une vraie anglophone. Je crains (et une expression d'inquiétude passa sur son visage) que vous ne soyez éliminée de l'agrég' à cause d'un zéro en version.

– J'en ai peur aussi, mentis-je.

Cette idée ne m'était jamais venue à l'esprit. Je ne pensais pas écrire un français digne d'un académicien, loin de là, j'étais très consciente de mes lacunes en orthographe, grammaire, prononciation, style, bref, de mes lacunes dans tous les domaines. Je voyais mes erreurs et j'en avais honte. Mais je voulais enseigner l'anglais, pas le français ! Je ne comprenais pas comment on pouvait éliminer un candidat d'un concours censé mesurer l'aptitude à enseigner l'anglais en raison d'une incapacité à traduire Virginia Woolf dans un français littéraire ! Un professeur d'anglais ne devrait-il pas maîtriser avant tout l'anglais ?

– Un zéro et c'est terminé, ajouta-t-il. Regardez.

Il tapota de l'index un extrait particulièrement rouge de mon devoir.

– Ici vous confondez l'imparfait et le participe passé, et ici vous avez écrit « sur la rue ». C'est « dans » et pas « sur ».

Je le savais. Comment avais-je pu commettre une si grossière erreur ? Je hochai la tête. Ses jolis yeux semblaient émettre un cri de détresse silencieux (« Apprenez le français pour l'amour de Dieu »). Je ne m'étais jamais sentie aussi stupide, ni à l'école, ni au travail, ni même lors de ma première séance au conseil municipal.

— Que puis-je faire ? bredouillai-je.

— Le problème, c'est que de telles erreurs vous identifient immédiatement comme une anglophone. Les jurés sont plus durs avec... enfin, je ne devrais pas vous dire cela, mais, pour l'agrég' d'allemand, si les jurés découvrent que la langue maternelle d'un candidat est l'allemand, ils l'éliminent systématiquement.

Il baissa la voix.

— Ils ne veulent pas de germanophones.

Mon désespoir dut être visible.

— Vous devez être excellente en thème ? demanda-t-il, enthousiaste.

Je pensai à mon 4 sur 20 et je mentis une fois de plus :

— Oui, en tout cas je suis sur la bonne voie.

— Regardez, avec un 2 ça ira.

Il se serra contre le mur pour laisser passer un étudiant.

— Et avec un 1 ?

— Aussi.

Ses yeux de velours s'obscurcirent :

— Mais vous devez absolument éviter le zéro éliminatoire.

— Je vais travailler dur, lui promis-je.

En dépit de la situation désespérée, je ressentis une irrépressible envie de rire. Je faisais donc le vœu d'apprendre le français pour gagner le droit d'enseigner l'anglais.

Je retournai en classe, où le prof de thème avait déjà commencé sa correction hebdomadaire. Je n'écoutai qu'à moitié les étranges solutions qu'il proposait. Son vocabulaire était vraiment incroyable. Parfois, ses traductions impressionnaient par leur adéquation avec le texte d'origine et leur parfaite subtilité. Mais, d'autres fois, les corrections proposées sonnaient faux à mes oreilles anglophones. Que faire ? Je croisai le regard anxieux de Rebecca.

Chapitre 6

Project manager

L'agrégation est, avec le CAPES, le CAPET ou le CAPLP, un concours de recrutement des professeurs de l'enseignement public d'État. [...] Les professeurs agrégés de l'enseignement secondaire enseignent principalement dans les lycées, mais aussi dans l'enseignement supérieur et, beaucoup plus rarement, dans les collèges.
Pour se présenter au concours externe, il faut être titulaire d'une maîtrise ou du CAPES/CAPET/PLP. [...] Le concours interne est réservé aux professeurs justifiant d'au moins cinq années d'ancienneté.

Wikipédia.

Au cours de mon travail précédent, j'avais eu à concevoir des projets informatiques. Occasionnellement, mes patrons faisaient appel à des consultants qui leur offraient deux avantages : premièrement, ils n'avaient aucun impact sur la masse salariale (leur rémunération était comptabilisée en dépenses ou amortie dans les investissements) et, deuxièmement, ils faisaient des graphiques. Il me semblait que tout problème ou presque peut être représenté par un graphique quelconque – en colonnes, en camembert, en points, etc. Parmi eux, le simple tableau en deux colonnes était mon favori. Pourquoi ne pas appliquer les techniques modernes de gestion à mon cas personnel ? Je pris une feuille de papier et traçai une ligne verticale. Sur la gauche de la ligne j'écrivis « Avantages » et sur la droite « Inconvénients ». Après réflexion, j'ajoutai : « points forts » et « points faibles ».

Avantages (points forts)	Inconvénients (points faibles)
Anglais langue maternelle	Français courant mais pas langue maternelle
Aime lire et écrire	Impossibilité physique de survivre aux bancs en bois et au manque d'aération
Sens de l'humour	Contraintes de temps (mère, épouse, banlieue)
	Interruption de dix-sept ans dans les études
	Convaincue que la déconstruction détruit toute compréhension de la littérature
	Aucune notion de la dissertation française

Puis je passai au plan d'action. La méthode était classique : exploiter les forces et minimiser les faiblesses.

Points faibles	Solutions potentielles
Français courant mais pas langue maternelle	• Lire tout le temps en français • Prendre des cours de grammaire française • Demander à Ève de me faire faire des dictées
Impossibilité physique de survivre aux bancs en bois et au manque d'aération	• Arrêter de pleurnicher ! • Faire des exercices d'étirement
Contraintes de temps (mère, épouse, banlieue)	• Cibler les cours fondamentaux et leurs devoirs, et laisser tomber tout le reste • Échanger les notes avec les autres étudiants
Interruption de dix-sept ans dans les études	Et alors ? Tu as sûrement acquis quelque chose durant ces années-là. Exploiter talent en organisation, gestion du temps et discipline
Aucune notion de la dissertation française	Acheter un « Comment écrire une dissertation » et le lire !
Convaincue que la déconstruction détruit toute compréhension de la littérature	Le garder pour soi !

Après lecture de mon programme, j'ajoutai :

A utilisé des ordinateurs pendant les vingt dernières années. N'a pas l'habitude d'écrire à la main longtemps	S'entraîner physiquement. Écrire avec un stylo une heure par jour pour développer les muscles des doigts. Tenir peut-être un journal ?

Une fois la liste dressée, je passai à l'action : abonnement au *Monde*, razzia sur Flaubert, Maupassant, Nothomb, Houellebecq et Dumas à la médiathèque, achat d'une grammaire française recommandée par le séduisant professeur de version (*Clé international, French for Foreigners, Intermediate Level*). Au moins mon français, qui n'avait pas progressé au-delà du niveau requis pour gérer des projets informatiques de dix millions d'euros, pourrait finalement s'améliorer.

Finie la linguistique ! Cap sur la dissertation. De quoi s'agissait-il ? Comment la rédiger ? J'allai chez Gibert, où je trouvai tout ce dont j'avais besoin : des montagnes de livres spécialisés dans l'agrégation.

En feuilletant les manuels, je ne pouvais m'empêcher de me demander ce qui était nécessaire pour produire un agrégé d'anglais. 1 700 candidats allaient acheter des livres, assister aux cours, passer les examens. Ils allaient être observés, jugés, administrés. Mais, au bout du compte, seuls cent quarante-cinq d'entre eux seraient pris. Quels étaient les ingrédients de base de leur recette ?

Des universitaires : pour donner des cours et pour rédiger les manuels. Des éditeurs : pour imprimer les livres. Une administration : pour inscrire les candidats. Un jury : pour choisir des sujets, concevoir des examens, définir des réponses, corriger des copies. Des centaines d'universitaires, de maisons d'édition, de fonctionnaires et de jurés vont prospérer, me disais-je. Si on regarde l'agrégation comme une entreprise industrielle, la logique économique à elle seule suffirait à justifier son existence.

Mais du point de vue écologique ? Pour les cent quarante-cinq postes, plus de mille candidats allaient dilapider au moins un an à la préparation de l'agrég', pour la plupart à plein temps. Que font-ils quand ils échouent, ce qui est le cas pour 90 % d'entre eux ? Quel en est le coût pour eux, pour leurs familles, pour la société en général ? Pas seulement le prix de l'inscription aux cours et à l'examen, pas seulement le prix des livres et du papier, mais, surtout, le manque à gagner ? La valeur de tout ce que le candidat aurait pu accomplir s'il n'avait pas passé un an à préparer un concours auquel il aura échoué ?

Même l'industrie minière générait moins de déchets.

Je choisis, pour 14,50 euros, un livre intitulé *Amphi anglais : réussir les concours*, écrit par un de mes professeurs. Argent, temps – tant pis, du moment que l'agrégation d'anglais garantit aux élèves français de bénéficier des meilleurs professeurs d'anglais. Quant à moi, je voulais juste devenir fonctionnaire comme tout le monde.

J'ouvris *Amphi anglais : réussir les concours* et parcourus les clefs qu'il donnait sur la dissertation. La première chose que je compris, c'est que la dissertation française avait peu de choses en commun avec l'essai tel que l'envisageaient les Anglais et les Américains. À dire vrai, ils étaient même à l'opposé l'un de l'autre.

La dissertation française, je l'appris à ce moment-là, devait être construite autour d'une problématique. Son but n'était pas de choisir un parti et de le défendre avec toutes les armes rhétoriques dont on disposait, mais d'explorer, de manière impartiale, tous les aspects de la question en utilisant la méthode de la dialectique. La dissertation était rationnelle, abstraite, et de nature philosophique. Elle était cartésienne. Froide et dépassionnée, elle devait bannir l'expérience personnelle, l'émotion, la subjectivité, l'ironie, l'anecdote et l'humour. Elle ne devait jamais s'abaisser à divertir. En respectant de telles instructions, même des essayistes confirmés tels que H.L. Mencken pouvaient se sentir impuissants.

Enfin, toujours selon le livre, les jugements de valeur, concernant la morale en particulier, ou la politique, devaient être absolument exclus.

Comme c'est étrange, pensai-je, que, pour enseigner l'anglais, je doive non seulement écrire en français, mais aussi apprendre à réprimer mes jugements. Je songeai aux auteurs du programme de l'agrégation, Mencken, De Quincey, Conrad, O'Connor, Burns et Shakespeare – de grands satiristes, polémistes et philosophes, des explorateurs passionnés et originaux des mystères de l'âme humaine. Je refermai le manuel et regardai les piles de méthodes sur la table devant moi. D'un pas lourd, je me dirigeai vers la caisse de la librairie.

Chapitre 7

Fierce chemistry

Bien que, depuis 1987, le programme scolaire national pour l'enseignement de l'anglais ait souligné l'importance de mettre les élèves dans des situations de communication, il semble que les professeurs, dans leur travail quotidien dans la salle de classe, ne suivent pas ces prescriptions... Les professeurs développent un rêve de perfection qui retarde les élèves. Le fait que les élèves soient constamment corrigés par les professeurs entraîne une utilisation excessive du français durant le cours d'anglais [...].

The Assessment of Pupils' Skills in English in Eight European Countries 2002. A European Project, p. 129.

27 octobre. Je demandai à monsieur Bourreau si je pouvais rédiger ma dissertation en anglais. Il sembla surpris par ma requête et me fit remar-

quer qu'il était dans mon intérêt de m'entraîner à écrire en français pour l'examen.

— Je n'ai pas l'habitude de faire des dissertations, lui expliquai-je, je voulais éviter de vous importuner avec mes erreurs.

Il sourit, magnanime. Une fois de plus, je fus frappée de constater que les professeurs de Paris-IV étaient pour la plupart fort mignons. Ses yeux noirs brillèrent.

— Dans ce cas, dit-il, écrivez en français, et je ne vous pénaliserai pas pour les erreurs de langue que vous pourriez commettre.

Impossible de refuser une offre si généreuse. Ce serait donc en français que j'écrirais sur le temps et le sens.

L'unique étudiante asiatique présentait le commentaire du jour sur un court passage de *Confessions of an English Opium Eater*. Son anglais semblait correct quoique légèrement déformé par un accent bizarre. Monsieur Bourreau se mit à interroger l'étudiante sur le texte, afin de l'entraîner pour l'épreuve orale. On avait l'impression de regarder un gladiateur sous stéroïdes en train de démembrer un poulet.

Prof : « *Fierce chemistry* [1] », quel est le sens de « *fierce* » ?

---

1. « Chimie féroce »

Étudiante : Terrible ?

P. : Quand l'utilise-t-on ?

(Paniquée, la fille se figea.)

P. : Quand utilise-t-on le mot « *fierce* » ?

(Silence.)

P. : Pour les créatures, n'est-ce pas ? On dit « *fierce creatures* ». Maintenant, « *times before Oedipus ?* »

E. : Cela réfère au mythe ?

P. : Lequel ?

E. : Grec ?

P. : Oui pour Œdipe. Et pour Memphis ?

E. : Memphis ?

P. : Dans le texte, il y a mention de Memphis.

E. : C'est une ville en Égypte ?

P. : Comment analysez-vous le fait que le texte mentionne d'abord des personnes, puis des lieux ? Pourquoi « avant Memphis » ?

E. : Peut-être pour montrer le passé ?

P. : Vous avez cité les différentes sections temporelles et spatiales sans barrières entre elles ? Et avant Memphis, avant un endroit ?

E. : Avant que Memphis existe ?

P. : Oui. « Avant » représente le temps, et « Memphis », l'espace, temps et espace mêlés.

Mon moral tomba comme le niveau de sucre d'un diabétique. Je n'arriverais jamais à acquérir le réflexe de penser au temps et à l'espace quand je lirais les mots « *before Memphis* ».

Le lendemain, à 6 heures du matin, j'étais déjà plongée dans *Amphi anglais : réussir les concours* quand mon mari se leva pour faire le café. Assailli de problèmes au travail, il avait l'air fatigué.

— Comment ça va ? demandai-je.

J'étais pourtant au courant qu'il avait pris du retard pour une de ses publications et que son maquettiste était parti se marier dans les montagnes péruviennes. Il haussa les épaules.

— Et toi ?

— Bien, bien, mentis-je. Tu veux vraiment savoir ?

Il hocha la tête.

— J'ai demandé la permission d'écrire ma dissertation en anglais. Tu sais, celle sur le sens et le temps. Mais le professeur m'a dit qu'il valait mieux que je l'écrive en français puisque l'examen est en français. Il est gentil, mais…

— Il a raison, m'interrompit-il.

— Je le sais, mais pourquoi ?

Mon mari jouait avec sa cuiller. J'eus le courage d'ajouter :

— Tu sais quoi ? Je vais écrire à l'Éducation nationale pour leur demander pourquoi ils veulent qu'on écrive le français aussi bien qu'un normalien pour devenir professeur d'anglais. Tu dois admettre que c'est étrange.

— Est-ce que tu te rends compte, grogna-t-il soudain, quelle chance tu as que cet examen ne soit pas en latin ? La dissertation date du Moyen Âge. Les choses ne changent pas comme ça !

Et il fit claquer ses doigts.

— Au Moyen Âge, on brûlait les sorcières, on torturait les hérétiques, on ne se lavait pas, rétorquai-je.

Mon mari inspecta les ongles de sa main droite, sa manière de dire : fin de la discussion. Il était 7 heures du matin, et de légers pas se faisaient entendre dans les escaliers.

Je passai les jours suivants à me battre avec ma première dissertation. Je suivis les instructions du livre du mieux que je pus. Je transformai le sujet en question. Je tirai le *Petit Robert* de l'étagère et vérifiai toutes les significations des mots « sens » et « temps ». Je cherchai soigneusement des passages concernant ces notions dans *Confessions of an English Opium Eater* et collai des Post-it roses aux pages intéressantes. Et finalement je fis le brouillon d'un plan. En trois parties – bien entendu. Quand mon mari et mes enfants furent au lit, j'allumai une lampe et l'ordinateur, et j'écrivis pendant des heures, en me répétant : logique ! raison ! Le lendemain matin, je me relus pendant le petit déjeuner. J'avais besoin d'aide. Au moins pour corriger le français.

Désespérée, je sonnai chez Josseline, une voisine récemment licenciée de son poste de cadre, elle aussi. Elle m'invita à entrer et à m'asseoir sur un divan, puis elle prit place dans le fauteuil qui lui faisait face. Elle s'empara des dix premières pages et, pendant cinq minutes, ne bougea pas. Ensuite, elle me regarda et demanda :

— Je peux écrire dessus ?

Je lui tendis un stylo.

— Bien sûr, répondis-je.

Elle fondit sur ma copie comme une lionne sur sa proie. J'attrapai un magazine sur la table basse et feignis de le lire. Mais je l'épiais du coin de l'œil. Elle soulignait et barrait la copie énergiquement.

— Tu ne peux pas dire ça, annonça-t-elle.

Je tendis la main pour récupérer mon texte, mais elle ne me le rendit pas. Elle pointa son index sur le premier mot de la première phrase :

— Certainement pas, s'exclama-t-elle.

Puis elle passa à la phrase suivante :

— Que veux-tu dire ici ?

Nous avons passé une longue heure ensemble. Pour ma défense, je pourrais mentionner que l'auteur écrivit les trois quarts de son livre sous l'emprise de l'opium et que, s'il fallait ajouter à cela la nébulosité du sujet, « le sens du temps et le temps du sens », il n'était pas anormal que, malgré tous mes efforts, mon œuvre ne fût pas des plus limpides. Quand nous arrivâmes à la dernière page, je remerciai Josseline et me levai pour partir.

– J'ai encore une question, dis-je, hésitante.

– Oui ?

Josseline attendait que je parte pour retourner à ses tâches ménagères.

– Est-ce que…

Je faisais soudain preuve d'une timidité qui ne me ressemblait pas.

– Est-ce que cela (je secouai le texte) ressemble à une dissertation ?

Josseline sembla surprise.

– Une dissertation ? Pas vraiment. Pourquoi ?

– Oh, pour rien. Merci infiniment de ton aide.

– Il n'y a pas de quoi.

Et elle appuya sur le bouton noir près de la porte pour me laisser sortir.

À la maison, je fis mon autocritique. J'avais trouvé certes une problématique, mais le texte prenait position trop vite. Il cherchait à convaincre au moyen d'exemples au lieu de remettre en cause les arguments présentés ou à explorer plus loin. Le ton était trop léger, l'écriture trop personnelle, l'organisation trop artificielle.

Je m'appliquai à réorganiser la dissertation et à la réécrire. J'essayais, mais sans y parvenir complètement, à exterminer toute trace d'humour.

Chapitre 8

Je découvre la trinité à Marne-la-Vallée

Originellement, la dissertation a été une formalisation de la disputation théologique ou juridique... vers 1880 elle a été introduite dans les cursus des universités, puis comme épreuve d'agrégation, et enfin de CAPES... Mais la rigidité rhétorique de l'exercice, la véritable fétichisation de la « dissertation » remontent aux années 20-30 – sans doute en liaison avec la sourde résistance d'une élite traditionaliste contre la démocratisation des études.

Didier Dacunha-Castelle,
Peut-on encore sauver l'école ?

Le lendemain, je pris le RER A pour aller déjeuner avec mes ex-collègues d'EuroDisney. Pendant plus de dix ans, avant que je sois séduite par l'irresponsable mais sexy société high-tech qui m'avait licenciée, nous nous étions occupés de quelques-uns des systèmes informatiques qui font tourner le parc d'attractions. Avec ces collègues, pas de formalités. Je les retrouvai à la sortie de leur bureau et nous nous dirigeâmes directement vers notre restaurant japonais préféré.

– J'apprends à écrire une dissertation, annonçai-je.

– Ah bon ?

Nous avions toujours parlé français ensemble, bien qu'ils fussent parfaitement compétents en anglais.

– Oui. Est-ce que vous saviez que les dissertations doivent être écrites en trois parties ? Pas deux, deux serait binaire. Acceptable pour des avocats, mais inacceptable pour des littéraires. Pas quatre non plus. Ce serait beaucoup trop désordonné. Non, il doit y en avoir trois : thèse, antithèse, synthèse. C'est une trinité sacrée.

Le serveur vint prendre nos commandes.

– Je remarque souvent la présence de la trinité, à présent. Elle est partout.

Les grands yeux intelligents de Claudine s'arrondirent tandis qu'Olivier se frottait le menton, geste que je l'avais vu faire lors de réunions qui requéraient de la diplomatie. Je mis quelques minutes à réaliser que le son que j'entendais était celui de ma propre respiration.

– Jamais deux sans trois, continuai-je, la règle de trois, le Père, le Fils et le Saint-Esprit. Vous voyez ? Tout tourne autour de la trinité : thèse, antithèse, synthèse ! Thèse, antithèse, synthèse !

Claudine, Bretonne patriotique qui arrivait à bronzer sous la pluie, aida le serveur à poser les bols de soupe miso sur la table.

– C'est très français, dit-elle. Nous l'avons tous appris à l'école. C'est cartésien.

Cartésien ! Ce mot explique à la fois tout et rien à propos de l'esprit français. Dans ma lutte pour apprendre à écrire une dissertation, j'avais cherché sa signification exacte dans le dictionnaire. Il s'agit d'un adjectif dérivé du nom du philosophe René Descartes. Je suis donc passée au dictionnaire des noms propres.

Né en 1506, près de Tours, René Descartes est un des penseurs les plus importants du monde occidental. On l'a même appelé le père de la philosophie. La plupart des gens connaissent son célèbre : « Je pense donc je suis. » En latin, la phrase complète est : « *Dubito ergo sum, vel, quod idem est : Cogito ergo sum.* » Elle exprime son refus d'accepter l'évidence de ses propres sens et connaissances. « Ne recevoir jamais, écrit-il dans son *Discours de la Méthode*, aucune chose pour vraie… » Philosophe, physicien et physiologiste, Descartes était aussi mathématicien et compte parmi les inventeurs de la géométrie analytique. Je commençais tout juste à comprendre l'étendue de son influence, trois cent cinquante ans après sa mort, mais je ne comprenais toujours pas pourquoi la structure « thèse, antithèse, synthèse » devait être considérée comme cartésienne.

— Je pensais que la dialectique était hégélienne et allemande, et non pas française, dis-je.

— Si, si, rétorqua Olivier, nous apprenons très tôt à organiser nos pensées de cette façon. Cela permet une analyse rigoureuse. C'est comme ça que nous sommes formatés.

— Toi, m'exclamai-je, formaté ?

Je n'avais jamais considéré Olivier comme un conformiste costard-cravate. Par qui avait-il pu être formaté ? L'Éducation nationale ? Ou par l'Église, car Descartes était très catholique.

Aujourd'hui le nom de Descartes est synonyme de raison et de logique. Mais peu de gens se souviennent de ses convictions religieuses. En réalité, son but, lorsqu'il écrivait ses fameuses *Méditations*, était de prouver l'existence de Dieu et l'immortalité de l'âme. Et, convaincu d'avoir réussi, il dédicaça son œuvre à la Sorbonne, qui, à l'époque, était l'école de théologie de l'université de Paris.

Occupée par ces pensées, je restai silencieuse. Olivier racontait les derniers progrès des systèmes informatiques que nous avions mis en place ensemble. Je tournais ma cuiller dans ma soupe miso quand, soudain, me vint une idée.

– Je viens à l'instant de comprendre quelque chose, m'exclamai-je.

Olivier jeta un regard à Claudine. Je poursuivis :

– Sur les projets, on analysait toujours les besoins du client, ainsi que les différentes solutions potentielles, n'est-ce pas ?

– Oui.

– Et, dans presque tous ces cas, une solution apparaissait de loin supérieure aux autres ?

– Oui, oui.

– Alors pourquoi y avait-il toujours quelqu'un pour nous demander de continuer à examiner les options moins intéressantes et moins compétitives ? Nous aurions pu utiliser ce temps, cette énergie et cet argent à parfaire la solution que nous avions déjà décidé de mettre en place, plutôt que de perdre notre temps à analyser ce que nous savions sans intérêt.

– C'est la procédure, répondit Olivier, un peu offensé.

– Mais tu admets que c'est stupide, n'est-ce pas ?

– Sans doute.

Je ne tenais plus en place. Je voulais partager ma découverte avec mes copains informaticiens.

– La trinité explique tout ! dis-je triomphalement.

— La trinité explique pourquoi on perd du temps ? demanda Claudine.

— Absolument ! Jamais deux sans trois ! Quelqu'un de formaté pour concevoir une thèse, puis pour consacrer un tiers de son temps à explorer son contraire, antithèse, ne peut pas dire : « Voilà la solution, adoptons-la ! » Il va dire : « Voilà la solution, mais d'abord voyons ce qui se passe si nous explorons son contraire, et puis nous prendrons notre décision. »

Cette analyse éclairait bien des réunions frustrantes ! Combien de gens avais-je — en silence — traités d'idiots parce qu'ils remettaient tout au lendemain ? Je comprenais à présent qu'ils étaient simplement de très logiques « trinitariens ». Le fonctionnement des entreprises françaises, auparavant si opaque à mes yeux, prenait un sens nouveau. Olivier et Claudine avaient presque fini leurs brochettes, tandis que les miennes s'étaient figées dans mon assiette en porcelaine bleue.

— Tu sais bien que nous devons toujours étudier au moins une alternative, m'expliqua Claudine. Pour prouver que nous méritons notre salaire. Si notre travail a l'air trop facile, les solutions que nous proposons sont contestées.

Puis elle regarda Olivier et ils éclatèrent de rire.

— On doit y aller, dit Olivier en faisant un signe au serveur, on a des options à explorer.

— Je pense que la dissertation te fait beaucoup de bien, ajouta Claudine, continue comme cela et tu finiras par devenir une vraie Française.

Les portes glissèrent et ils disparurent dans la grisaille de Val d'Europe.

5 novembre. Boostée par mes progrès en dissertation, j'arrivai à la Sorbonne pleine d'espoir et d'énergie. Or, une surprise m'attendait. Aucun étudiant français n'avait reçu de zéro en thème, alors que presque tous les anglophones en avaient reçu un en version. Ou les étudiants français écrivaient l'anglais bien mieux que les anglophones n'écrivaient le français, ou le système de notations était spécieux. « La moyenne est montée à 7 », annonça gaiement le professeur barbu. Il nous rendit les devoirs, assortis d'exclamations telles que « Bon travail ! Vous avez fait des progrès ». Je reconnus entre ses doigts mon texte tapé à l'ordinateur – presque tous les autres étaient écrits à la main. 2 sur 20. Dans ma propre langue. Cinq points de moins que la moyenne de la classe. La moitié du 4 de la semaine précédente.

J'étais anéantie. Le professeur commença sa correction du texte et je pris quelques notes, mécaniquement, sans même essayer de comprendre ce qu'il disait. Malgré mes efforts, il fallait bien me rendre à l'évidence : après un mois d'études, ma capacité en anglais avait décliné.

– Bien sûr que ça empire, dit Rebecca après le cours. Toutes ces règles étranges qu'ils veulent que nous utilisions.

Ce jour-là, elle avait l'air particulièrement sur son quant-à-soi – habillée en jaune, avec une écharpe verte assortie à ses yeux.

– J'ai traduit des textes littéraires durant des années, et pas une seule fois je n'ai entendu parler de leurs règles. Ils saupoudrent les textes de «*with*» sans aucun discernement. Ils condamnent des mots parfaitement corrects : «*fruits*», par exemple, ou ton américain «*pastries*». Vraiment, *darling*, moins quinze points. Et cette obligation d'inventer des précisions en anglais pour éviter toute ambiguïté. D'où vient leur étrange conviction que l'ambiguïté soit acceptable en français et intolérable en anglais ? C'est offensant ! Et puis, pour une raison ou pour une autre, nous sommes supposés être allergiques au mot «*it*». C'est vraiment difficile de deviner à quoi ressemble l'anglais qu'ils imaginent. J'en suis plutôt paralysée.

Ses yeux pétillaient de malice.

— Franchement, je suis assez soulagée d'entendre que tu en es au même point. En plus, ajouta-t-elle avec son accent tellement britannique, il n'a pas l'air d'aimer beaucoup l'anglais américain.

Il faisait déjà sombre dehors, et juste assez froid pour me ranimer au sortir de cette atmosphère suffocante. Je quittai Rebecca et marchai vers le nord, dépassai la fontaine Saint-Michel, traversai la Seine en direction du Châtelet, vaguement consciente de la foule sur le trottoir, du trafic, du kaléidoscope des lumières illuminant les pierres et se réfléchissant sur les vitrines des magasins.

Une analyse minutieuse m'amena à trois observations. Premièrement, comme Rebecca l'avait remarqué, le professeur préférait nettement l'anglais britannique à l'américain. Deuxièmement, il appliquait scrupuleusement certaines règles, étrangères au monde anglophone. Mais, troisièmement, si les Français qui enseignaient l'anglais parvenaient à appliquer ces règles, je pourrais les acquérir aussi.

J'étais arrivée au Centre Pompidou, un bâtiment qu'un architecte avait réussi à retourner comme un gant. Quand j'étais une pauvre étudiante, des années auparavant, ce musée subversif avec son atmosphère informelle et ses livres accessibles au public avait été un de mes endroits préférés de Paris. « Apprends leurs règles, me dis-je. Quelle importance ? » Et là, devant les tuyaux bleus et rouges de cette massive blague intellectuelle, je jurai de découvrir et de respecter les règles françaises à l'usage de l'anglais.

Chapitre 9

Karima

Ces dernières années, elle [la vantardise] a pris une dimension presque pathologique, et s'explique peut-être uniquement en termes de nécromancie freudienne. Vantardissimes, entre autres, les typiquement américains « nous avons gagné la guerre », « c'est notre devoir de mener le monde », etc., ne sont probablement guère plus qu'un mécanisme de protection destiné à dissimuler un inéluctable sentiment d'infériorité.

H. L. Mencken, *Chestomacy*,

9 novembre 2004. «*Ay laket getting op erly in zi morning, to zi toune ov cocks crowing on zi dung il.*» Une jeune Française massacrait les extraits les plus faciles de *In Memoriam : W. J. B.*, texte hilarant écrit par Mencken sur Williams Jennings Bryan, lequel venait alors de trépasser. La fille

trébuchait sur chaque mot, clairement incapable de comprendre, et encore moins de transmettre la signification du texte. J'arrêtai d'écouter et relus le texte silencieusement : « *It was hard to believe, watching him at Dayton, that he had traveled, that he had been received in civilized societies, that he had been a high officer of the state.* »

« *He* », c'était William Jennings Bryan, célèbre prêcheur, ex-secrétaire d'État américain et plusieurs fois candidat à la présidence. Il menait l'accusation pour l'État du Tennessee contre John Scopes, un professeur qui avait enseigné la théorie de l'évolution à l'école. C'est dans la ville de Dayton qu'eut lieu ce procès connu sous le nom de « procès du singe ». C'était en 1925. La défense, manque de chance pour Bryan, fut assurée par le brillant avocat Clarence Darrow. Le journaliste H.L. Mencken, qui avait fait carrière en s'attaquant à toute forme d'obscurantisme, couvrit l'événement. « Quand Bryan se mit à nier que l'homme fût un mammifère, écrit Mencken, même les chiens de Dayton furent ébahis. »

La loi fut appliquée strictement : Bryan gagna le procès et le professeur fut condamné. Mais l'humour de Darrow, combiné à celui de Mencken, avait fait son effet. « Bryan sortit de la cour de justice titubant, exultait Mencken, prêt à mourir, sans laisser de souvenir, si ce n'est en tant que personnage d'une farce de troisième ordre. » Bryan mourut effectivement le jour suivant.

De tous les écrivains américains influents du XXᵉ siècle, Mencken fut l'un des plus critiques à l'égard des stupidités de l'Amérique. J'étais très contente de redécouvrir ses écrits ici.

Comme d'habitude, j'étais assise au premier rang, face au professeur. Sur ma gauche, une petite femme affichait une mine contrariée : elle n'avait pas le texte de Mencken. Je lui demandai par signes si elle voulait partager mon exemplaire. Elle sourit. J'enlevai mon manteau du siège voisin pour lui faire une place. Quand la classe eut fini de s'exercer à la prononciation, vint le moment du commentaire. Une superbe blonde descendit sur l'estrade et se mit à énumérer tous les mots que Mencken utilisait pour comparer Bryan à un singe (torse velu, primate à la bouche ouverte, charabia simiesque, etc.). La liste n'en finissait pas.

— Merci d'avoir partagé votre livre avec moi, dit ma voisine à la fin du cours.

Ses yeux brillaient et, à la différence des autres étudiants, elle souriait continuellement.

— Je vous en prie.

J'étais tellement heureuse de cet embryon de conversation. Je rangeai mes affaires lentement afin de la prolonger.

– Est-ce que vous suivez tous les cours ? demanda-t-elle.

Je la regardai, surprise. Elle m'avait posé une question, m'avait invitée à participer à une discussion. Jusqu'alors, c'était toujours moi qui avais essayé d'initier des échanges avec les étudiants. J'affectai la nonchalance.

– Non, pas tous, j'essaie de sélectionner les meilleurs. Et vous ?

Je la vouvoyai parce que c'était ainsi qu'elle s'était adressée à moi et parce qu'elle était plus âgée que moi.

– Vous devez absolument aller au cours sur Styron à Paris-III. C'est excellent.

– Ah oui ?

Nous nous levâmes simultanément. Son nez m'arrivait à la poitrine. Lorsque nous sortîmes, elle me fit remarquer que peu d'étudiants étaient présents.

– Les amphis à Paris-III sont toujours pleins à craquer, dit-elle.

Effectivement, seuls sept ou huit étudiants s'intéressaient visiblement à Mencken, l'unique cours assuré par un Américain.

– Y a-t-il une raison ? demandai-je.

Elle leva son menton pour me regarder dans les yeux.

– Le président du jury est de Paris-III.

– Oh !

– Je suis ravie d'avoir rencontré quelqu'un de mon âge, dit-elle. Les étudiants plus jeunes ont peur de nous.

Malgré mon malaise à la mention de *notre* âge, j'étais toute prête à me réjouir de cette complicité.

– Vous croyez vraiment ?

– Ne me dites pas que vous ne l'avez pas noté. Ils tremblent devant nous. Ils ne nous adressent pas un mot.

Elle baissa la voix, pour ajouter :

– Ils pensent que nous savons tout.

– Et pourtant, lui dis-je, je suis complètement inoffensive.

Elle se mit à rire d'un rire jeune et charmant.

– Moi aussi, répondit-elle avec un clin d'œil.

Nous étions arrivées dans la cour de la Sorbonne.

– Vous devez absolument venir suivre le cours sur *Le Choix de Sophie* à Paris-III, répéta-t-elle, c'est excellent.

– Moi, c'est la linguistique qui me pose un problème.

– Ah oui, pour ça, Paris-IV, c'est spécial.

– Spécial en bien, ou spécial en mal ?

— Le professeur est un grand spécialiste, mais il a le défaut d'expliquer plus que nécessaire. Le professeur à Paris-III est assez compréhensible. Venez mercredi prochain à 9 h 30 et vous verrez.

— Mais je…

Je voulais rétorquer que c'était l'heure du cours de Bourreau sur les *Confessions of an English Opium Eater*. Maintenant que je m'étais habituée à ses méthodes exigeantes, je prenais plaisir à l'écouter.

Elle se rapprocha et murmura :

— Je peux vous aider en linguistique, je sais tout ce qu'il faut savoir.

— C'est très gentil à vous.

— Nous pourrions échanger nos notes.

Soudain elle hésita et me regarda avec acuité.

— Vous prenez des notes, n'est-ce pas ?

— Oui, bien sûr.

Je serrai mon cahier contre moi. Non seulement mes gribouillages étaient illisibles, mais mes cahiers étaient pleins de mes réflexions à propos de l'agrégation.

— Excellent, dit-elle, retrouvant sa gaieté.

Nous marchâmes un moment en silence. Le soleil s'était couché.

– Où enseignez-vous ? demandai-je, ne voulant pas laisser s'évanouir cette apparition amicale.

– Dans un lycée. Un bon lycée. Mais l'agrég' est très difficile. C'est juste un travail de reconnaissance pour le moment. J'ai fait la même chose l'année dernière. Je compte passer le concours l'année prochaine, en 2006.

– Vous voulez prendre un café ?

– Je ne peux pas.

Je lui tendis la main.

– Je m'appelle Alice, dis-je.

Elle prit ma grande main dans ses petits doigts. Ils étaient chauds.

– Et moi, Karima.

Puis, sur ce ton de confidence qui lui était propre, elle ajouta :

– C'est un nom algérien.

– C'est joli.

Je regardai son dos se fondre dans la lumière des lampadaires. Karima, mon ange gardien algérien.

Ce soir-là, Ève, morose, annonça :

– Il faut que tu signes mon contrôle de science.

– OK.

– 7,5.

Cachés derrière sa frange trop longue, ses yeux fixaient le sol. Sans me regarder, elle me tendit le papier.

— Madame Pain dit que j'ai copié sur Charlotte.

— Mais tu as fait ton devoir à la maison ! Tu m'as même demandé de t'aider.

— Ne demande jamais à ta mère de t'aider, lança mon mari de la cuisine, cela ne peut mener qu'à une tragédie.

— Je peux le regarder, s'il te plaît ?

Je pris le devoir. 7,5 sur 20. Toutes les réponses me paraissaient correctes.

— Tu sais ce qui est faux ?

— Non.

Je lus le commentaire en rouge : « Phrases incomplètes. »

— Elle a écrit que tu devais faire des phrases complètes.

Mais à peine avais-je prononcé ces mots que je me souvins du devoir. Il portait sur le climat. Ève m'avait exceptionnellement demandé de l'aide parce qu'elle n'avait pas la moindre idée de ce qu'attendait le professeur. On ne lui avait donné aucune consigne. Je retournai le devoir.

— Et là ? demandai-je en lui montrant deux réponses qui n'avaient pas été notées alors qu'elles semblaient justes.

— Chais pas, soupira Ève.

— Est-ce que ton professeur a vu ces réponses ?

— Chais pas.

Elle ressemblait à un chien battu, l'image parfaite du découragement.

— Tu devrais lui parler, afin de comprendre ta note et ce qu'il faut faire pour améliorer ton devoir.

— Je ne peux pas.

Elle avait les larmes aux yeux.

— OK, dis-je, je lui en parlerai.

— Comme tu veux.

Je ne reconnaissais pas ma fille, habituellement si sûre d'elle. Onze ans et demi à peine et déjà démoralisée.

10 novembre 2004. L'institut du monde anglophone de Paris-III est situé au 5, rue des Écoles. Contrairement à Paris-IV, pas de vigiles à l'entrée pour demander une pièce d'identité. Je passai sous un portique voûté et entrai dans une petite cour pavée. Elle donnait une impression de sérieux et, malgré le froid mordant, j'étais contente d'être là, excitée à la double perspective de revoir Karima et de comprendre enfin la linguistique.

Je n'avais jamais étudié cette matière, mais j'avais toujours aimé les cours de grammaire, non seulement en anglais, mais aussi en espagnol, en russe, en allemand, en hébreu et même en arabe classique. En revanche, mon problème avait été d'appliquer les règles théoriques lors d'échanges concrets.

Deux grandes portes vertes s'ouvraient de part et d'autre de la cour. J'optai pour celle de gauche et découvris, caché derrière une fenêtre couverte d'un rideau, un vigile en uniforme bleu. Je frappai à la fenêtre ; il souleva le rideau et ouvrit une sorte de vasistas.

— Bonjour, dis-je à travers la petite ouverture, je cherche l'amphi.

— Grand ou petit ?

— Grand.

— De l'autre côté.

Le rideau retomba aussitôt. Je traversai la cour vers l'autre porte verte. Parvenue dans une sorte de corridor, j'entendis de loin une voix de femme à l'accent anglo-américain parler de Mencken. C'était le cours précédent ; j'étais en avance.

Je retournai dans la cour. La journée était claire. Petit à petit arrivaient des étudiants pâles, mais frais et jeunes. Aucune trace de Karima.

— Pouvez-vous me dire où se trouve la classe de linguistique ?

Haussements d'épaules, froncements de sourcils, sourires d'excuse. Je me faisais penser à ce canard du conte pour enfants qui demande à chacun, y compris aux automobiles et aux tracteurs : « Est-ce que vous êtes ma maman ? »

— Demandez au garde, me dit quelqu'un.

Retour à la fenêtre. Le garde n'était pas heureux de me revoir.

— Je n'en sais rien. Regardez au mur, ça doit être affiché.

— Où ?

— Dehors. Ou dedans. Comment savoir ?

Le vasistas claqua. Quel emploi curieux, me dis-je.

Karima s'était-elle moquée de moi ? Il était presque 9 h 50 et j'étais frigorifiée. Mais je n'allais pas abandonner un être aussi gentil dans un univers hostile. Je décidai d'attendre jusqu'à ce que Karima apparaisse ou que le cours de linguistique commence.

J'avais enfin pris place dans l'amphithéâtre quand, quelques rangs plus bas, je repérai deux lobes noirs séparés par une raie parfaitement droite. « Karima ! » chuchotai-je. Elle me fit un grand sourire et monta vers moi.

Le professeur de Paris-III était conforme à ce qu'elle avait promis : clair, concis, ne dédaignant pas d'utiliser des exemples dans un anglais compréhensible. Un homme jeune d'apparence normale. Il distribua même des photocopies et ramassa les devoirs. Il n'utilisa le mot complexe qu'une fois, et pour désigner une notion qui l'était vraiment. Je me considérai sauvée.

Chapitre 10

Conseillère municipale de l'opposition

Afin de remédier à l'insuffisante représentation des femmes dans la vie politique, la loi constitutionnelle du 8 juillet 1999 relative à l'égalité entre les femmes et les hommes a modifié deux articles de la Constitution.

Site web du Sénat.

Je dois ma carrière politique aux socialistes. Cinquante-cinq ans après que les femmes françaises eurent obtenu le droit de voter, en 1944, le gouvernement socialiste décida de combattre un sexisme persistant et décréta que 40 % des candidats aux élections locales devaient être des candidates, plongeant les partis politiques français dans une quête désespérée de bonnes volontés féminines. Je bénéficiai de ce décret. Du jour au lendemain, le conseil municipal de Beauté-sur-Marne

111

passa de 29 hommes et 4 femmes à 17 hommes et 16 femmes. Pour la première fois, des responsabilités furent attribuées à de jeunes mères préoccupées par la garde des enfants, la sécurité sur les trottoirs et les activités parascolaires proposées aux adolescents. Le conseil s'en trouva rajeuni et diversifié. Mais j'étais la seule immigrée.

Durant les séances, les conseillers devaient parler au micro. Chaque mot était enregistré. Au début, je n'avais éprouvé aucune inhibition à m'exprimer en public. Mais, le jour où j'entendis ma voix amplifiée, je m'effrayai de parler encore de cette façon après toutes ces années.

Par ailleurs, c'étaient les membres de la majorité qui contrôlaient les comptes rendus des réunions, dans lesquels ils résumaient intelligemment et élégamment leurs discours, mais reportaient tels quels ceux de l'opposition. Toutefois, je me suis habituée, même à cela. Avant d'ouvrir la bouche, je revois mentalement ce que j'ai à dire pour minimiser les erreurs grammaticales.

« L'acte politique le plus important d'un conseil municipal est de définir le zonage. C'est par la rédaction de règlements techniques d'urbanisme qu'un parti transforme ses idées politiques en applications pratiques. »

C'est par ces nobles paroles que le maire ouvrit la séance de révision du plan local d'urbanisme. Que peut-on construire? Des maisons individuelles uniquement ou tolère-t-on des immeubles? Et si oui, de quelle hauteur? Les parkings devraient-ils être obligatoires? Et les arbres? Les gens sont-ils autorisés à les abattre? Faut-il réserver plus de place aux espaces verts? Faut-il construire des logements sociaux? Des commerces? Des industries lourdes? Et dans quel quartier? Comment respecter les contraintes imposées par les plans d'évacuation en cas d'inondation, de glissement de terrain, de pollution chimique? Notre population doit-elle s'agrandir? De combien? Faut-il construire plus d'écoles? De maisons de retraite? De crèches? Aménager de nouvelles lignes de bus? Des couloirs pour les vélos?

Des êtres humains avaient habité ce lieu de façon continue depuis 35 000 ans sans le détruire – sauf durant l'invasion allemande de 1870. Les choses avaient changé, bien sûr. Les champs et les vergers avaient disparu. Le vaste parc du château avait été divisé en parcelles. Quelques immeubles élevés avaient été construits dans les années quatre-vingt. Les crues de la Marne, catastrophiques en 1910, avaient été, au moins temporairement, retenues par des digues plus hautes. Les restaurants s'étaient diversifiés, bien que notre ville fût trop petite et tranquille pour attirer un

McDonald's. Je trouvais cela rassurant. Cependant, ce fragile équilibre pouvait être détruit d'un trait de plume irréfléchi. Tel était le pouvoir du zoning.

« Le zoning n'est pas une simple question de code de construction, continua le maire, c'est un choix politique profond. »

J'étais d'accord avec lui. Les noms de nos formations politiques respectives exprimaient d'ailleurs bien nos positions tranchées : la majorité, avec ses vingt-neuf conseillers, s'appelait : « Beauté, une ville à vivre » ; et notre groupe d'opposition, de quatre conseillers, s'appelait : « Beauté pour tous ».

Une des choses que j'aimais dans cette ville, c'était sa taille : 16 000 habitants seulement, sur 335 hectares. Tout était accessible à pied : l'épicerie, le marché, les écoles, les restaurants, les docteurs, les dentistes, les gynécologues, les aromathérapistes, les vétérinaires, le stade, le centre équestre, l'hôpital et les urgences. Nous n'avions pas moins de six pharmacies près de notre maison. Et, pour les jours de flemme, il y avait même un bus. C'était comme la rue principale de Disneyland, mais en vrai. Et quand tout cela ne suffisait plus, Paris était à quinze minutes par le RER.

Si on m'avait demandé pourquoi j'avais choisi de vivre ici, j'aurais pu faire une liste des avantages évidents qu'offre la France : histoire, culture, gastronomie, infrastructure et Sécurité sociale. Mais telles n'étaient pourtant pas les vraies raisons. Bizarrement, la qualité de la France que j'appréciais véritablement était aussi celle qui me frustrait le plus : sa résistance obstinée au changement.

– Il nous faut plus de logements sociaux.

Mon collègue Cyril avait pris le micro :

– Il y a un besoin criant de logements à loyer modéré dans la région francilienne ! La loi SRU exige 20 % de logements sociaux. Notre ville traîne visiblement les pieds.

– Regardez ce qu'ils ont fait à Champigny, cria un membre âgé de la majorité, et à Noisy- le-Grand !

Il parlait des villes au sud et au nord-est de la nôtre. C'étaient autrefois de jolis villages lovés dans les méandres de la Marne et désormais défigurés par d'énormes barres, souvent délabrées, abritant une forte proportion d'immigrés pauvres.

Comment s'ouvrir à la diversité sans sacrifier l'identité ? Comment préserver les traditions sans entraver la vitalité ?

– Vous savez bien que nous sommes contre ces monstruosités, répondit Cyril. Nous voulons des logements de bonne qualité dans de petits immeubles. Des habitations décentes que les gens peuvent se payer.

— Nous sommes trop petits, rétorqua un autre conseiller. Le prix du terrain est trop élevé. Et nous ne pouvons pas contrôler la population susceptible de s'installer dans ces appartements !

— Que voulez-vous dire ? cria presque Cyril. Expliquez-vous !

Une ultime réserve nous empêchait de nous insulter. D'employer des mots comme « raciste », « fasciste », « élitiste ». Et pourtant notre conseil ne comprenait aucun membre de l'extrême droite. Le Front national avait perdu son seul siège l'année où j'avais été élue. Mais certains sujets mettaient toujours le feu aux poudres, excluant toute discussion.

— Quelle ville voulons-nous ? demanda de façon emphatique un conseiller de la majorité. Une ville semblable à celle que nous avons déjà. Est-ce un crime ?

Chapitre 11

Predouble zéro tension

La France, qui justifie la pression qui règne à tous les échelons de son système scolaire par sa capacité à former des élites, produit en fait deux fois moins de très bons élèves à 15 ans que des pays comme la Finlande ou le Canada...

« Les élèves français plus stressés que performants »,
Le Monde de l'Éducation, octobre 2005.

J'avais un café dans une main et cinq pages tapées à la machine dans l'autre. Affalé sur sa chaise, les coudes sur la table, mon mari me débarrassa du café et le but.

— Tu ne veux pas jeter un coup d'œil à ma dissertation ?

J'agitai les pages de façon à les rendre alléchantes.

Sa barbe de quelques jours laissait voir des plaques de peau blanche. Ses yeux étaient à peine entrouverts. Il les referma et grogna :

— Tu ne comptes pas sérieusement continuer avec cette absurdité ?

Les pages tremblèrent un peu plus. Je tentai de sourire.

— Donc tu ne veux pas regarder ?

Il plongea le nez dans sa tasse de café, comme une autruche dans le sable.

— Juste la première page ? Je sais que ce que j'ai écrit n'est pas très bon. Je n'ai pas encore complètement saisi ce qui fait d'une dissertation une dissertation. Mais, avec un peu d'aide, je pourrais m'améliorer. Tu es un expert. Donne-moi des conseils.

Je lui versai un second café.

— S'il te plaît.

Mon mari posa sa tasse sur la table et désigna de l'index la chaise à son côté. Je m'assis.

— Tu admets que je suis un expert.

Je hochai la tête.

— Bon, alors écoute l'expert, dit-il.

J'avalai ma salive.

— Ce concours que tu veux passer est un piège. Ce n'est pas pour toi.

Il leva sa paume pour que je ne l'interrompe pas.

— Et tu n'es pas faite pour cela.

— Je peux apprendre.

— C'est trop tard, dit-il. Tu ne seras jamais capable de leur donner ce qu'ils veulent. Tu ne *penses* pas comme eux.

— Mais tu m'as dit que ton amie Anna Duchemin a réussi le concours. Et madame Duberry aussi.

— Ce sont des personnes d'une intelligence et d'un talent extraordinaires.

Je fis un bond, éparpillant les papiers par terre. Il soupira.

— Chérie, madame Duchemin, c'est une spécialiste des langues anciennes de premier ordre, et madame Duberry vient de l'une des plus illustres familles de Paris.

Je ne dis rien.

— Aucune des deux n'est une femme d'affaires américaine de 45 ans au chômage. Est-ce que tu as regardé les statistiques ?

— Pas bon, un candidat sur onze.

— Oui, mais quel candidat ? Combien de gens de ton âge et dans ta situation sont-ils admis ? En as-tu la moindre idée ?

— Si tu connais la réponse, pourquoi ne pas me la donner ?

Je fus distraite par des pas dans l'escalier et des « maman ! »

— Très très peu, marmonna-t-il, en étalant du beurre sur une tranche de pain. Si tu ne me crois pas, vérifie par toi-même.

Une fois mes filles parties à l'école avec mon mari, je mis la main sur le rapport du jury de l'année précédente, qui donnait les résultats du concours, assortis de commentaires. En 2004, 1 728 candidats s'étaient inscrits, pour les 130 places d'agrégés d'anglais. 1 105 d'entre eux s'étaient présentés à l'écrit, 301 avaient été admissibles à l'oral, sur lesquels 130 avaient finalement été admis. Le rapport classait les candidats par catégories d'âge et de profession.

Agrégation d'anglais (externe) 2004: par âge

Année de naissance	Nombre « admissibles » (ont réussi l'écrit)	Nombre « admis » (ont eu l'agrégation)
1982	9	8
1981	49	25
1980	80	36
1979	58	24
….		
1959	3	1

L'agrégé le plus âgé était né, comme moi, en 1959. C'était amplement suffisant pour comprendre que l'agrégation était réservée aux jeunes. La vaste majorité des admis avaient une vingtaine d'années et n'avaient jamais travaillé, dans une salle de classe ou ailleurs. Les étudiants de l'École normale supérieure (créée en 1794) comptaient parmi les plus jeunes et affichaient un taux de réussite spectaculaire : sur les 27 qui avaient passé l'écrit, 26 avaient eu l'agrégation. Les normaliens étaient les athlètes olympiques de l'épreuve de dissertation. Ils suivaient cet entraînement depuis des siècles. À l'opposé, les professeurs qui tentaient l'agrégation « externe » obtenaient de très mauvais résultats. Je pensai à la forfanterie de Karima. En réalité, les jeunes étudiants n'avaient pas peur de notre savoir, ils fuyaient notre échec annoncé.

Aucun tableau ne détaillait les résultats selon la langue maternelle des candidats, mais je n'avais pas besoin de plus de précisions pour mesurer la difficulté. Et, pourtant, je ne pouvais pas abandonner. Pas maintenant. J'avais commencé une entreprise que je devais mener à terme. Quelles que fussent mes chances. « Des personnes d'une intelligence et d'un talent extraordinaires », pensai-je avec rage. C'est ce que nous verrions.

18 novembre. Le beau professeur montait et descendait les marches en ramassant le devoir de

la semaine. Pour la première fois, je ne rendis rien. Aux États-Unis, je m'étais habituée aux félicitations et à figurer sur la liste des meilleurs élèves. Mais ici, en cours de version, mon ego se défaisait comme un pull pris à un clou. Bien qu'habituellement peu sujette au doute, j'avais subitement besoin de quelques encouragements avant de me soumettre à une plus forte dose d'humiliation.

Désormais, la classe se divisait en deux groupes. À droite, seize étudiants prenaient note de tout, mais ne parlaient jamais, sauf, souvent assise derrière, Rebecca. À gauche, treize autres parmi lesquels Mathilde, Floriane, un doctorant britannique nommé William, la fille asiatique et un type débraillé aux longs cheveux gras dont on murmurait qu'il était normalien.

Droite ou gauche : cette répartition avait-elle une signification ?

— Bien sûr, *darling*, m'avait expliqué Rebecca quand je lui avais posé la question. Les professeurs ont une tendance naturelle à s'adresser aux élèves placés à leur droite, c'est-à-dire au groupe assis à notre gauche. Observe et tu verras.

Elle avait raison : en moi-même, j'avais commencé à appeler le groupe à ma gauche — donc à la droite du prof — « les forts ». Comme d'habitude, j'étais assise au milieu, presque devant, une place que les étudiants évitaient comme le cercle de la mort. Je regardai la version de la semaine précédente que la star de cinéma de prof m'avait rendue. Cette fois-ci, un tiret précédait le double zéro. Moins zéro ? Cela était-il possible ? Je devenais paranoïaque.

Le cours commença. Nous étions en train de traduire en français un passage de Jess Walters, l'auteur du roman intitulé *The Land of The Blind*. Le texte décrivait une *senior prom*, un bal de dernière année dans un lycée américain.

– Pensez monstrueux, nous cornaquait le professeur, kitsch, hideux, grotesque !

Les étudiants s'étaient engagés activement dans la course au vocabulaire le plus méprisant jusqu'à l'obstacle que constitua soudain « *ruffled shirts* ».

Le professeur lui-même était perdu. Il s'arrêta, pencha sa jolie tête, essaya une solution puis une autre, sans être satisfait. Malgré son statut d'agrégé et son anglais presque parfait, il n'avait pas la moindre idée de ce que « *ruffled shirt* » pouvait signifier. En fait, le texte abondait en termes obscurs : *sixers*, *bong*, *tuxedo T-shirt*, *cruising*.

Les Français ont vu des images de proms dans les films hollywoodiens comme *Grease* et *Carrie*, cependant le concept est tellement exotique qu'il défie leur compréhension. Dans les lycées publics français, il n'y a pas de bal. Ce qui s'en rapproche le plus est un pince-fesses aristocratique appelé « rallye ». Et le principe même du rallye est l'exclusivité. Les jeunes qui y prennent part doivent se préoccuper non seulement de ce qu'ils vont porter, et de leurs boutons d'acné, mais aussi tout simplement de savoir s'ils vont être invités ou pas. La sélection est omniprésente.

La prom américaine, elle, est ouverte à tous. Qu'on soit moche, stupide, mal dans sa peau, pauvre, peu importe. La prom est même tellement démocratique qu'un roi et une reine y sont élus !

Dans mon lycée, l'heureux couple avait ensuite le privilège de faire le tour du terrain de football dans une décapotable juste avant le match. Le peu dont je me souvenais m'était resté à cause d'un événement scandaleux survenu lors de ma dernière année de lycée. Trois jours avant la grande fête, le roi avait largué la reine sans autre forme de procès, en lui expliquant qu'une fois à l'université, il n'aurait plus besoin de ses services. La réplique de la belle avait été de se saouler et d'aplatir sa voiture contre un pylône, se fracturant la mâchoire ainsi que plusieurs côtes. Ce fut donc avec une attelle de fil de fer autour de la bouche, bourrée d'antidouleur, qu'elle fit sa grande entrée dans une robe fabuleuse au bras du jeune homme que dorénavant elle haïssait. Même si les fêtes de ce type ne m'avaient jamais intéressée sur le plan personnel, j'avais le sentiment que, en tant que tradition culturelle, elles méritaient un meilleur traitement que celui que leur réservait le cours de version.

Le joli professeur réfléchissait.

— Peut-être que les anglophones pourraient nous aider ici ?

Les anglophones connaissant un tant soit peu l'Amérique essayèrent de décrire les objets cités dans le texte, et les francophones de trouver des mots équivalents à *ruffles*, *tuxedo T-shirts* et tous les accessoires étranges liés à la prom. Nous fûmes ainsi en mesure de corriger six erreurs de compréhension dans la « traduction conseillée » que le professeur avait distribuée au début du cours.

Ce fut un cours bruyant et hilare. Le professeur se mit au diapason et fit de son mieux pour amplifier la bonne humeur générale.

— Nous ne savons même pas d'où vient la tradition de la prom, plaisanta-t-il avec son sourire tellement jeune, et heureusement ! Car son inventeur aurait mérité la chaise électrique !

La classe explosa. Les étudiants à ma gauche et à ma droite rugissaient de rire.

En dépit de mes efforts pour rester dans l'ambiance, une boule d'amertume monta dans ma gorge. La chaise électrique ? Et pourquoi ? Parce que la prom ne ressemblait pas aux rallyes ?

Je fus frappée qu'aucun effort n'ait été fait pour replacer la prom dans son contexte ni pour expliquer ce qu'elle signifiait aux participants. Le professeur et les étudiants, sans le moindre embarras, tournaient en ridicule une tradition qu'ils ne connaissaient pas. Quand ces jeunes gens deviendraient professeurs, qu'enseigneraient-ils à leurs élèves ?

Chapitre 12

Éducation nationale

Le président Jacques Chirac a quitté la salle, jeudi soir,
où les 25 dirigeants européens débutaient une réunion
de travail avec le patron des patrons européens,
Ernest-Antoine Seillière, parce que celui-ci
avait choisi de s'exprimer en anglais.

« Jacques Chirac justifie son coup de sang contre
Ernest-Antoine Seillière », *Le Monde*, 24 mars 2006.

Trois caractéristiques rendent remarquable le
système éducatif français : son extrême centrali-
sation, son recours aux concours pour titulariser
les professeurs et, historiquement, le rôle-clé
joué par les écoles dans la construction de l'unité
nationale autour de la langue. Si la déesse de la
Révolution française était la Raison, celle de la
République fut – et reste – l'Éducation.

L'Éducation nationale rivalise en taille avec l'armée soviétique à son apogée. Parmi les 60 millions de Français, au moins 1 307 000 sont fonctionnaires de cette institution. Les directives sont émises par le ministère et appliquées par le réseau des « académies ».

En France, l'éducation est en majeure partie publique (59 041 des 68 012 écoles françaises).

Pour enseigner à l'école publique, il ne suffit pas d'être titulaire d'une maîtrise ou d'un doctorat, ou de détenir un savoir ou des compétences particulières – et même, tout cela ne sert à rien. Pour être professeur, pas d'alternative : il faut préparer et passer le CAPES ou l'agrégation. Le programme de ces concours, ainsi que les critères d'admission, sont déterminés pour chaque matière par les membres d'un jury. Ces derniers sont payés pour leurs services, et ce salaire peut représenter une part significative de leur revenu.

En 2005, 43 461 candidats se sont inscrits à l'agrégation et 64 180 au CAPES dans 37 disciplines différentes. Sur ces 107 641 candidats au total, 11 925 sont devenus agrégés ou certifiés.

Une fois titularisés, agrégés et certifiés ont la garantie d'un emploi à vie dans l'Éducation nationale, qui leur assigne leur poste selon le système de points en vigueur dans tout le service public français. L'année dernière, 83 000 étudiants nourrissaient l'espoir de devenir, un jour, professeurs. En 2004, le ministre de tutelle a estimé le coût de l'éducation en France à 116,3 milliards d'euros. Je voulais en faire partie.

Mais aurais-je l'étoffe d'un bon professeur ? Le bruit, les problèmes de discipline, les cours répétitifs, saurais-je y résister ? Je n'étais sûre que de deux choses : je savais l'anglais, et je ne voulais plus jamais subir un licenciement comme celui que j'avais vécu. C'était en partie pour cela que j'avais choisi l'agrégation au lieu du CAPES. Elle me donnerait plus de perspectives : la possibilité d'enseigner au lycée, bien sûr, mais aussi à l'université, ou éventuellement d'intégrer l'administration, où mes compétences en gestion de projet pourraient servir.

La postière sur son vélo me héla depuis le portail. Je me levai pour la saluer. Elle m'apportait un *J'aime lire* pour les filles et, pour moi, de nouveaux livres sur l'agrégation et un numéro du *Monde*. Je m'y étais abonnée afin de tenter d'améliorer mon français. Le titre : « Faut-il rendre l'anglais obligatoire à école ? » s'étalait en première page.

Évidemment, la place de l'anglais en France n'a rien à voir avec celle du français en Amérique.

En Amérique, personne ne vous empêchera d'apprendre le français, cependant la maîtrise des langues étrangères en général, et celle du français en particulier, n'est pas considérée comme une priorité nationale.

Bien qu'on puisse regretter que les Américains échouent lamentablement à apprendre des langues étrangères, aucun homme politique américain, patron de syndicat ou parent n'ira prétendre que les États-Unis mettent en péril leur compétitivité si les collégiens n'apprennent pas le français. L'attitude générale pourrait se résumer en une phrase : dommage, mais sans importance.

En France, en revanche, apprendre une langue étrangère est une priorité nationale, et 97 % des enfants étudient l'anglais à l'école. L'anglais a été inclus au « socle commun » défini par le ministre de l'Éducation, c'est-à-dire l'ensemble des matières obligatoires dans toutes les écoles. L'école publique doit fournir un enseignement de l'anglais du CE2 jusqu'en terminale. L'attitude générale se résumerait ici par : si nous voulons survivre, nous n'avons pas le choix.

Je suis rentrée à la maison et j'ai étalé *Le Monde* sur la table. Une page entière était dédiée à l'importance pour les petits Français d'apprendre à parler et à lire l'anglais. Pourtant, dans un entretien, le président Jacques Chirac affirmait que, bien qu'il fût favorable à l'enseignement de l'anglais, il était contre « une humanité où l'on ne parlerait qu'une seule langue ».

Il voulait dire, bien sûr, l'anglais.

Soudain, la porte claqua. Les huit kilos du cartable d'Ève tombèrent dans le hall d'entrée.

— Bonjour Ève, comment ça s'est passé à l'école aujourd'hui ?

— OK. On a eu un cours sur Chicago.

— Ah oui ?

Je levai les yeux du *Monde* tandis qu'elle s'approchait de la table.

— Ton grand-père Harry est de Chicago. Qu'est-ce que tu as appris ?

Elle regarda le plafond en faisant semblant d'essayer de se souvenir.

— Nous avons appris qu'il y a des gangs terribles, et que les riches Blancs vivent dans une partie de la ville, et les pauvres Noirs dans une autre, et que ce quartier s'appelle un ghetto.

Elle avait l'air fière d'elle-même.

— Rien d'autre ?

— Si ! Que l'Amérique était une nation esclavagiste et que l'esclavage avait été aboli très tard.

Elle ouvrit le réfrigérateur et le ferma en souriant.

— Qu'est-ce qu'il y a pour le goûter ? Est-ce que je peux prendre une glace ?

— Ton prof vous a dit que l'Amérique était un pays esclavagiste quand il vous a parlé de Chicago ?

— Mmm.

— Est-ce qu'il a mentionné que Chicago est au nord et qu'il n'y avait pas d'esclavage au nord ?

— Ah bon ?

— Non !

Devant le frigo, ma fille se raidit. Je répétai, plus calme :

— Non, il y avait des esclaves seulement au sud. Le Nord était contre l'esclavage. Les deux régions sont entrées en guerre à ce sujet, c'est la guerre de Sécession. Le Nord a gagné et a aboli l'esclavage.

— Oh !

— Et est-ce que ton professeur a mentionné que la France a aboli l'esclavage quinze ans après l'Angleterre et seulement trente ans avant les États-Unis ? Il avait été interdit pendant la Révolution, mais Napoléon l'a rétabli lorsque les puissants le lui ont demandé.

— Est-ce que je peux prendre un Magnum ?

— Oui.

J'étais irritée.

— Je pense qu'il reste un double-chocolat.

— Tu sais, maman, dit Ève en enlevant le papier de son esquimau, ce n'est pas ma faute, ce que dit le professeur.

— Je sais, chérie. Est-ce qu'il a mentionné l'intégration des immigrés à Chicago, les universités de la ville, ou ses grands musées ?

— Nous avons parlé des musées quand nous avons étudié Paris.

— Est-ce que ton professeur utilise un manuel ?

Elle se pencha et sortit de son cartable un large livre rouge et bleu. En couverture, la photo d'une statue se détachait sur la partie rouge, celle d'une paysanne noire assise au-dessus d'une mosaïque de petits champs irrigués. Elle me le tendit : *Livre scolaire pour 6ᵉ*, Nathan, *Histoire géographie.*

— Page 231, précisa-t-elle.

À la page en question, je lus le titre, imprimé en rouge : « Les bandes dans un ghetto de Chicago ». Puis, souligné en jaune, l'extrait d'un article du *Monde diplomatique* de mai 1991 qui expliquait que, « dès l'âge de huit ou neuf ans, les garçons commencent à être recrutés par des gangs. Ils doivent prouver leur aptitude à faire partie d'une bande en volant, en vendant de la drogue, etc. »

Je passai alternativement du chapitre sur Chicago à celui sur Paris. Apparemment, Paris et sa banlieue réussissaient à faire cohabiter les populations aisées et les habitants aux revenus plus modestes, tandis que Chicago était divisé de façon rigide entre quartiers riches et « ghettos » où « Mexicains, Noirs et Asiatiques » souffraient de « la pauvreté, du chômage et du racisme ».

Il n'est pas aisé de résumer une ville en deux pages. Néanmoins, j'osais imaginer qu'il était possible de parler de Chicago sans laisser à ma fille l'impression que l'Illinois avait été un État esclavagiste – comme d'aborder un peu plus honnêtement les difficultés des environs de Paris.

Je fermai le livre et le remis dans le cartable avec un soupir. La famille de mon père s'était réfugiée à Chicago pour échapper à la persécution religieuse et raciale en Europe. Elle y avait trouvé du travail, s'était intégrée et avait prospéré. Qu'est-ce que Ève allait retenir de cette ville robuste et accueillante ? L'image de l'esclavage et celle des taudis ? Comment allais-je lui enseigner mon Amérique ? Et – plus décourageant encore –, qu'allais-je lui dire de ma France ?

Chapitre 13

Problème dans un fast-food

Le capitaine Prieur fut donc choisi [pour la mission
du *Rainbow Warrior*] *pour son agrégation d'anglais.
Le fait qu'elle parlait à peine la langue (elle dut même
mettre des écouteurs lors du procès afin d'écouter le
traducteur pour comprendre les débats!) n'avait aucune
importance puisqu'elle avait le diplôme requis.*

Tahiti-Pacifique Magazine, n° 171, juillet 2005.

24 novembre. Le professeur Bourreau nous
rendit nos dissertations sur «le sens du temps
et le temps du sens». 7 sur 20! Une note qui
dépassait mes rêves les plus fous. On peut penser
qu'un 7 reste assez minable, et on n'aurait pas
tort. Mais, pour moi, ce 7 était un baume sur les
plaies ouvertes de mon ego misérable. Je regardai
autour de moi, et je vis même quelques devoirs

notés d'un 4. 4 ! Mon cœur se mit à chanter !
Quelqu'un avait fait pire que moi !

Le système éducatif français avait une curieuse
conception des notes. Je l'avais déjà remarqué au
moment de signer les contrôles de ma fille.

— Un 12 sur 20 ? Est-ce que ce n'est pas une
mauvaise note ?

— Peut-être bien que oui, répondait-elle avec
philosophie, mais c'est la meilleure de la classe.

Elle disait la vérité.

Certaines sectes religieuses croient que l'humilité permet d'atteindre la vertu. En France,
17,4 % des enfants redoublent au moins une
classe. Le nombre passe à 38,2 % pour les enfants
de quartiers défavorisés. Dans les universités
françaises, la moitié des étudiants abandonnent
avant la fin de la deuxième année. Les concours
connaissent souvent un taux de réussite plus bas
que le fameux 1 sur 11 de l'agrégation d'anglais.

En fait, l'échec semble parfaitement intégré
dans le système français. Chaque famille l'a
côtoyé à un moment ou à un autre. Sans être
complètement inévitable, l'échec apparaît
néanmoins avoir acquis la respectabilité d'une
expérience largement partagée.

6 décembre. Je me rendis au collège d'Ève pour
mon premier « conseil de classe ». Autour de la

table étaient assis sept professeurs, la principale adjointe, deux représentants des parents d'élèves et deux représentants des élèves de sixième, dont ma fille Ève. Je constatai que la salle de classe dans laquelle avait lieu la réunion était bien mieux équipée et plus confortable que n'importe quelle salle de la Sorbonne. Les bureaux faisaient normalement face à un grand tableau noir, mais ils avaient été disposés en rectangle pour la circonstance. Les fenêtres laissaient entrer la lumière du jour. Sur le mur du fond étaient affichés des dessins d'élèves intitulés «Martin Luther King», «Les protestants en France», «L'esclavage en Amérique», «Apartheid», «La conquête de l'Amérique et le massacre des Indiens». Je regardai autour de moi. Les autres murs étaient nus.

Le professeur principal commença par décrire la classe en général ; puis chaque professeur donna son avis sur la matière qu'il enseignait. Le jeune professeur d'anglais – une Française – prit la parole :

– C'est la pire sixième de l'école. Ce sont de gentils enfants, mais leur anglais est terrible. Ils ne comprennent rien.

Le professeur d'allemand, d'une germanité impeccable, annonça :

– Ils manquent de discipline ! Ils n'apprennent pas leurs leçons correctement.

Le professeur de sciences se plaignit que personne ne suivît ses instructions; le professeur de français déplora qu'un grand nombre d'enfants eussent de sérieux problèmes de lecture; le professeur de maths signala le bavardage d'un groupe de garçons, etc.

Ensuite, le professeur principal distribua la liste des notes de chaque élève, et les professeurs les commentèrent en détail. Un élève après l'autre. Les délégués des parents et des élèves semblaient n'être là qu'à titre de témoins. Deux heures plus tard, alors que tout le monde était affamé, le professeur principal demanda :

— Les représentants d'élèves ont-ils des remarques ?

Les jeunes gens racontèrent leurs problèmes. Leur intervention semblait avoir été soigneusement répétée.

À la fin, tandis que certains enfilaient déjà leurs manteaux, le professeur principal demanda :

— Y a-t-il a des questions de la part des délégués des parents ?

Aucun professeur n'avait mentionné ses techniques pédagogiques ou les remèdes éventuels qu'il pourrait appliquer aux problèmes dont il s'était plaint. Et, pas une fois, les parents n'avaient été sollicités pour autre chose que pousser leurs enfants à « travailler plus dur ».

Après de multiples «Bonsoir madame» et «Bonsoir monsieur», je rentrai à la maison à pied, en silence, avec ma fille de 11 ans. Nous nous tenions la main. J'étais fière d'elle, mais déconcertée par le système auquel je l'avais confiée. Je compris que, si je devenais agrégée, moi aussi je pourrais enseigner dans cet établissement. C'était une école relativement bonne. Une vague de déprime s'abattit sur moi. Je serrai la main d'Ève. Elle me regarda et sourit.

Le lendemain, dès que les filles furent parties à l'école, je décidai de faire le point. Que restait-il de mon plan d'action élaboré si rationnellement au mois d'octobre précédent ? Améliorer mon français, apprendre à faire une dissertation cartésienne, m'entraîner à écrire pendant de longues heures à la main, habituer mon dos aux petits bancs en bois. Soudain j'étais furieuse. Qu'est-ce que tout cela avait à voir avec l'enseignement de l'anglais ? Je passais la plupart de mon temps à étudier le français et à faire des étirements. Cela n'avait aucun sens.

Mardi, le professeur Gallant nous rendit nos dissertations françaises sur *Lord Jim*. Je reçus un autre 7 sur 20. Avant que j'aie le temps d'évaluer si je devais me sentir encouragée ou anéantie, Rebecca leva la main.

— Sommes-nous pénalisés si notre dissertation en français contient des tournures de phrases anglaises ? Demandez-vous le même niveau de français aux anglophones qu'aux francophones ?

— Bien sûr, lui répondit plaisamment le professeur. Nous pouvons aisément identifier les anglophones par les expressions qu'ils utilisent, et les erreurs ou les fautes d'orthographe sont traitées avec sévérité.

— Pourquoi ? insista Rebecca. Nous ne comptons pas enseigner le français.

— Parce que vous devez maîtriser parfaitement la langue maternelle de vos élèves, sourit Gallant. Sinon, ils risqueraient de se moquer de vous.

Rebecca remercia froidement et baissa la main. Dans son tailleur boutonné jusqu'au cou, elle ne bougea ni ne parla pendant les deux heures qui suivirent.

— Se moquer de nous ! Se moquer de nous !

Dans la queue du Quick de la place Saint-Michel, Rebecca était déchaînée.

— Il est l'ennemi ! Ne soyez pas dupe. Il a l'air d'un gentil petit homme ! Poli ! Aimable ! Mais c'est l'un d'*eux* !

– Eux ?

J'étais aux anges. Je croyais être la seule en colère. Elle poursuivit :

– Eux ! Les Français ! Ces salopards ! Ils veulent nous maintenir dehors.

Là, je restai sans voix. Je n'en croyais pas mes oreilles. C'était inconcevable, un mot pareil dans la bouche de cette Anglaise qui, de surcroît, possédait un passeport français tout comme moi. Et cette diatribe n'échappait pas à la file de francophones se bousculant pour atteindre la caisse.

– Discrimination ! criait-elle, discrimination économique ! Ils gardent les postes de fonctionnaires les mieux payés pour des professeurs français qui peuvent à peine parler l'anglais !

Je blêmis, car j'avais invité à se joindre à nous le genre exact de personne que Rebecca décrivait. C'était une dame dont l'anglais était pathétique. Agnès, c'était son nom, reçut en pleine figure la colère accumulée depuis trois mois par Rebecca.

– Toi, dit Rebecca, prenant pour cible mon invitée, tu sais très bien que tu ne peux pas parler l'anglais.

Les yeux ronds de surprise, Agnès eut un mouvement de recul, comme si elle avait été giflée.

– Rebecca... dis-je en lui touchant le bras.

Elle se dégagea et se retourna pour me faire face.

— Non vraiment, *darling*, c'est absurde. J'élève mes fils seule et j'ai besoin d'argent. Quand on a l'agrég', on n'enseigne plus que quinze heures par semaine, on est augmenté et on peut choisir les meilleures classes. Pourquoi n'aurais-je pas cette opportunité ? Pourquoi ?

La caissière noire attendait sous sa petite coiffe en papier.

— Madame ? dit-elle.

— Un moment, rétorqua Rebecca, levant la main comme une reine. Je n'ai pas terminé.

— Il y a du monde derrière vous.

— Bon, un Coca.

Elle regarda Agnès.

— Ce n'est pas normal, déclara-t-elle, nous sommes meilleures que vous en anglais. C'est notre langue maternelle.

— Mais, bredouilla Agnès, vous avez un avantage. L'examen le compense.

— Quoi !

À ce cri, toutes les têtes se tournèrent vers Rebecca.

— Compense ! hurla-t-elle. Qu'est-ce que c'est ? De la discrimination positive ?

— Asseyons-nous, dis-je, rassemblant ma monnaie et éloignant Rebecca du comptoir en la tirant par la manche.

142

Agnès commanda un café et nous suivit, la tête dans les épaules, comme pour se protéger. Nous prîmes une table au fond.

— Je t'avais bien dit que c'était une erreur d'inviter cette femme, siffla Rebecca.

Agnès ne réagit pas. Je regrettais réellement de l'avoir attirée dans ce guet-apens.

J'avais de la sympathie pour Rebecca, mais il me semblait injuste d'attaquer de cette façon la pauvre Agnès, qui n'était pour rien dans le système.

— Toi, par exemple, continua Rebecca en martelant la clavicule d'Agnès de son index manucuré, toi, tu ne passes pas le même examen que nous.

La paille me tomba des lèvres.

— Comment cela ? demandai-je.

— Je suis déjà certifiée, bredouilla Agnès. Je passe l'examen interne réservé aux fonctionnaires.

— C'est plus facile, accusa Rebecca.

— C'est vrai ? fis-je d'une voix moins neutre que je ne l'aurais souhaité.

— Un peu, sans doute, répondit Agnès en détournant les yeux. Mais c'est quand même assez difficile. On étudie les mêmes ouvrages.

Je me renversai dans mon siège. Je me souvins que, le jour où je l'avais rencontrée, Agnès avait admis n'avoir lu aucun des livres que nous étudiions. Ni *Lord Jim,* ni les *Confessions,* ni même *Sophie's Choice.* Aucun. Sa méthode consistait à mémoriser le jargon de type derridien et l'équivalent français des *Cliff notes* [1], puis de les recracher au hasard. Je me rappelle que parler de livres avec elle m'avait exaspérée, car elle se référait continuellement à des théories freudiennes, quel que soit le sujet.

Je nous vis soudain avec une distance : trois femmes plus toutes jeunes, engagées dans une parodie de combat darwinien tout en buvant du Coca light et du café. Selon les statistiques, un candidat sur onze aurait l'agrég'. Quelle absurdité si ce candidat ne parlait pas l'anglais.

Deux jours plus tard, dans la confortable salle F363, un étudiant que je ne connaissais pas repoussa sa chaise en la faisant racler sur le sol et se dirigea vers le tableau. Il avait le regard déterminé des petits animaux condamnés mais courageux – une souris des champs défendant sa nichée face à un faucon. Le professeur Chips échangea son siège avec lui afin de lui laisser le micro.

Malgré son air de Mamie Nova, Chips s'était montrée très exigeante lorsqu'elle avait

---

1. Résumé de l'œuvre.

commenté les exposés des étudiants. Elle annonça le sujet : « Paradis et terre dans *Richard II* », et croisa les mains. L'étudiant devait analyser la technique poétique et dramatique à l'œuvre dans la pièce de Shakespeare, ainsi que la signification politique, philosophique et psychologique. Le garçon s'éclaircit la gorge avant de se lancer. Je ne comprenais pas un mot de son exposé. Déconcertée, je regardai à droite et à gauche. Les étudiants prenaient des notes, comme d'habitude. Peut-être ne parlait-il pas en anglais ? Je me concentrai. Il était visiblement terrifié, les yeux rivés sur la douzaine de pages manuscrites, étalées sur le bureau, qu'il lisait d'un ton monocorde stupéfiant. Était-ce le fameux « agréfrançais » dont j'avais entendu parler, cette mixture mortelle, à base de jargon et de platitudes, épicée avec des tas de qualificatifs et de conditionnels ? Pour la première fois, je ressentis une vraie pitié pour le jury : la tentation de se suicider après une douzaine d'exposés de ce type devait être quasi irrésistible. Le plus terrible était que personne ne pouvait définitivement éliminer la possibilité que ce garçon ait quelque chose d'intéressant à dire. Simplement, il était incompréhensible. Au prix d'un effort d'attention surhumain, je finis par me rendre compte qu'il ne s'agissait pas d'agréfrançais comme je l'avais cru, mais bien d'anglais.

J'avais été induite en erreur par son accent. Mon cœur se serra lorsque je réalisai que j'avais passé la majeure partie de l'exposé à essayer de déterminer dans quelle langue il était fait. Une seule question demeurait : qui souffrait le plus ? L'étudiant ou nous ?

Soudain le rouge me monta aux joues. Mon oreille avait enregistré la vérité avant mon cerveau : ce candidat avait un défaut de prononciation. Brûlant de honte, je le regardai lutter.

Chips l'interrompit gentiment et lui demanda de résumer puis de conclure. J'étais pleine de compassion pour le professeur, pour l'étudiant, pour nous. De quel courage il avait dû faire preuve pour nous parler ! Je songeai même que les étudiants avaient peut-être fait semblant de prendre des notes, par politesse. Chips le guida :

— Sur la question de la terre et du paradis, comment voyez-vous Richard II et Bolingbroke ? Pareils ou différents ?

Shakespeare avait bourré sa pièce d'images toutes prêtes à être utilisées : un seau qui montait pendant qu'un autre tombait, l'un qui se remplissait tandis que l'autre se vidait de sa substance ; un personnage qui gagnait en force tandis que l'autre, privé de son armée, s'affaiblissait, etc. Mais le garçon se figea, incapable de répondre. Chips, contrairement à son habitude, essaya de l'aider, sans succès. Finalement, elle arrêta la présentation, remercia le candidat et invita le second étudiant à venir au micro. Comment l'étudiant considérait-il sa propre prestation ? Gardait-il un quelconque espoir de réussir ce concours inhumain ?

Le suivant était William, un doctorant britannique et mon partenaire dans le purgatoire du double zéro en version.

— « *I live with bread like you* », commença-t-il, citant Richard dans le troisième acte.

Bien que William eût la chance d'avoir une voix parfaite pour réciter Shakespeare, ses mains, desquamées, aux ongles rongés jusqu'au sang, tremblaient affreusement. Il avait choisi la « leçon » qui, en dehors des citations de la pièce, devait être donnée en français. La classe écrivait furieusement, car William était très sensible au langage poétique et possédait un talent particulier pour l'analyse. Il faut dire qu'il avait étudié la littérature anglaise pendant huit ans dans une université britannique. Malgré cela, Chips, qui avait sans doute épuisé toute sa gentillesse avec l'étudiant précédent, l'interrompit brutalement :

— Vous devez avoir un plan !

William opina, les mains toujours tremblantes, et recommença. Mais il était visible qu'il improvisait.

— Non ! non ! dit Chips. Lorsque votre sujet repose sur une dichotomie, vous devez trouver une problématique qui vous permette de parler des deux termes, ici terre et ciel, dans chacune des parties. Pouvoir spirituel par opposition à pouvoir temporel, par exemple.

Perdant patience, elle l'arrêta et fit la leçon elle-même.

Quelques minutes avant la fin du cours, Chips eut un blanc alors qu'elle essayait d'illustrer le rôle de la musique dans *Richard II* au moyen d'une citation de *Twelfth Night*. Rebecca leva la main et cita de mémoire le passage qui échappait au professeur. « *If music be the...* » Son intervention provoqua un brouhaha nettement hostile de papiers froissés et de chaises déplacées.

— Tu as l'air de bien connaître Shakespeare, dis-je à Rebecca à la sortie.

— Oh, j'adore Shakespeare, *darling*, dit-elle, je l'enseigne depuis des années.

— Tu l'enseignes, bégayai-je. Oui, bien sûr.

Parfois j'oubliai que mes collègues anglophones étaient des professeurs expérimentés.

Chapitre 14

« *Les Forts* »

> *Dans la figure de Nathan Landau, Styron a repré-*
> *senté un Juif démoniaque et cruel animé de tendances*
> *à l'homicide, qui brime une Polonaise catholique*
> *survivante de l'holocauste. Une fois encore, le renverse-*
> *ment des stéréotypes, bien qu'il ne soit pas illégitime en*
> *soi, est dérangeant dans ses implications, spécialement*
> *quand il devient une distorsion absolue d'événements*
> *historiques.*
>
> D.G. Myers,
> *Jews Without Memory* : Sophie's Choice
> *and the Ideology of Liberal Anti-Judaism.*

6 janvier 2005. Le RER A véhicula le produit semi-fini que j'étais, depuis la banlieue est jusqu'à la chaîne de montage de l'usine à intellectuels tournant à plein régime, non loin de la place

Saint-Michel. En salle F363, l'analyse de Shakespeare avait fait place à celle de *Sophie's Choice* de William Styron. Quand le roman de Styron avait été publié en 1979, j'avais admiré son évocation habile de la Shoah, un sujet si éprouvant que tous les écrivains qui l'avaient abordé avaient été confrontés à un problème technique incommensurable : convaincre les lecteurs de consentir à y penser, non seulement pendant un instant, mais pendant toute la durée d'un livre. Styron avait réussi l'impossible : *Le Choix de Sophie,* un roman de plus de 700 pages, avait touché des millions de gens dans le monde. Mais, à ma deuxième lecture, vingt ans après, je fus étonnée de ressentir une réaction d'intense antipathie. Pour des raisons que je tenterai d'expliquer plus tard, *Le Choix de Sophie* m'apparaissait maintenant comme une falsification intentionnelle de l'histoire par l'art de la fiction. De la propagande plutôt que de la littérature.

Pour être juste, je devrais mentionner le contexte dans lequel je relus ce livre. L'Europe se préparait à commémorer le soixantième anniversaire de la libération d'Auschwitz, tandis que, personnellement, je passais au peigne fin les archives allemandes, suisses et israéliennes à la recherche d'informations sur le destin de la famille juive de mon père, originaire de Cologne.

Je ne peux pas me targuer d'objectivité. Mon état mental était loin d'être serein. Cependant, quand j'entrai dans la salle F363 ce jour-là, je désirais vraiment analyser en profondeur les mécanismes littéraires déployés par Styron dans *Le Choix de Sophie*.

J'étais en avance. Le professeur n'était pas encore arrivé. Ceux que j'appelais les *forts* étaient regroupés autour du tableau sur lequel Mathilde s'exerçait à la transcription phonétique :

'tʃɑːlz wəz 'weərIŋ 'bIskI/ət 'kʌləd 'lInI/ən' slæks

(*Charles was wearing biscuit-coloured linen slacks*).
— Bonjour !

Toutes les têtes se tournèrent dans ma direction. Il était évident que j'interrompais un rituel secret.

— C'est le jour de l'auto-enseignement ? demandai-je.

Ils rirent et continuèrent. Assis sur le dossier de sa chaise, un grand jeune homme aux cheveux blonds et frisés jouait au professeur, corrigeait les autres. Quelqu'un me tapa sur l'épaule :

— Est-ce bien le cours sur Shakespeare ? demanda un homme d'âge moyen.

— Non, c'est Styron désormais. Shakespeare, c'était le semestre dernier.

Il y avait donc des âmes errantes à la recherche de la salle F363 depuis des mois ! J'arrangeai mon matériel habituel sur le bureau – exemplaire de *Sophie's Choice*, cahier, lunettes, stylos –, bien que mon objectif de ce jour ne fût pas universitaire mais social : j'avais en tête d'échanger quelques mots amicaux avec les *forts*. Tâche ardue pour une timide !

Le professeur, splendide dans son costume gris anthracite, annonça dès son arrivée :

– L'année dernière, nous avons étudié la bibliographie…

Panique. L'année dernière ? Je pensai que ce cours était le premier. Je me retournai pour rattraper l'homme à la recherche de Richard II. Mais il était parti. J'étais seule.

Après le cours, je traînai un peu dans l'espoir d'isoler un des *forts*. Appuyée contre la porte, Floriane bavardait avec deux jeunes femmes.

– Tu déjeunes ? demandai-je.

Je n'avais pas osé ajouter « avec moi ».

– Ouais, répondit-elle, on déjeune.

Ce qui pouvait être interprété par : « Oui, je compte déjeuner », ou : « Oui, on y va », ou : « Oui, quelqu'un déjeune », ou : « Oui, allons déjeuner. » On ne pouvait pas dire que c'était une réponse enthousiaste, mais elle ferait l'affaire.

— Le problème, dit une étudiante française, c'est que ce ne sont que des généralités.

Je n'écoutais qu'à moitié. Mon problème à moi, c'était que, dans le cours sur *Le Choix de Sophie,* le professeur avait utilisé le mot «nazi» dans chaque phrase où l'on trouvait le mot «américain». C'était arrivé sept fois. Voulait-il établir une comparaison entre eux?

Malgré cela, il était rassurant d'apprendre que Floriane et ses copains n'étaient pas enthousiasmés non plus par le cours sur Styron, même si c'était pour des raisons différentes. Puis, me voyant toujours là, Floriane dit :

— Ils nous attendent probablement en bas.

Nous descendîmes côte à côte dans la cage d'escalier. Les *forts* battaient le pavé devant l'entrée principale de Paris-IV. Comme il faisait froid, je pensai que nous irions nous réfugier dans un bar confortable. Ils agrandirent leur cercle pour me faire une place.

— Sandwiches? proposa quelqu'un.

Nous nous dirigeâmes vers une modeste boutique au coin d'une petite rue. Je tentai de profiter de l'attente dans la queue pour engager une conversation avec Floriane.

— Tu n'aimes pas le cours sur Styron? demandai-je.

— Non, il n'est pas assez littéraire. C'est un professeur de civilisation qui traite un sujet littéraire.

— Curieux, dis-je. Moi, je trouve justement que sa présentation ne tient pas suffisamment compte du contexte historique.

— Ah bon ?

Floriane commanda un sandwich au poulet.

— Oui, quoique Styron soit un merveilleux écrivain, ajoutai-je rapidement.

— Vraiment ? Mais il n'y a aucun travail au niveau de la langue. Regarde Ford dans *The Good Soldier*. Là, chaque mot compte et réfère à un autre.

Cela commençait mal. *The Good Soldier* raconte l'histoire peu édifiante de deux couples fortunés à la veille de la Première Guerre mondiale, qui, malgré leurs immenses avantages, s'arrangent pour s'autodétruire avant même que la guerre n'éclate ! Les intellectuels avaient loué l'intelligence de l'écriture de Ford ; cependant, comme l'avait fait remarquer le critique littéraire Julian Barnes, cet écrivain n'a jamais manqué d'admirateurs mais toujours de lecteurs. Je refoulai ces basses pensées, peu dignes d'un agrégatif.

— La publication du *Choix de Sophie* a soulevé un débat passionné aux États-Unis, expliquai-je, sur ce qu'un critique a appelé « les implications antijuives des nouveaux faiseurs de mythes ». Rosenfeld, Friedlander et surtout Cynthia Ozick ont mis *Le Choix de Sophie* en pièces. Ils ont accusé Styron de tout inverser. Le juif devient le bourreau...

— Mais il y a eu des non-juifs tués à Auschwitz ! répondit Floriane, visiblement agacée que je parle du contenu et non du style.

— C'est vrai, mais pas un million, comme Styron croyait, loin de là. Sur un million et cent mille personnes tuées à Auschwitz, 90 à 96 % d'entre elles étaient juives. Et D.G. Meyers, qui a écrit un long article dans la revue *American Literary History* intitulé « *Le Choix de Sophie* et l'idéologie de l'antijudaïsme libéral », prétend que le roman de Styron est « explicitement idéologique ». Il affirme que, en prétendant que l'Holocauste n'a pas frappé que les juifs, les juifs de Styron « se trouvent accusés d'une amnésie collective qui a effacé la mémoire de la souffrance des autres gens ». Edward Alexander parle même de « voler l'Holocauste aux juifs, qui étaient ses victimes ».

J'eus du mal à reprendre ma respiration. Au regard de Floriane, je compris qu'elle me suspectait d'être en plein délire.

— Le professeur n'a rien mentionné de tout cela, répondit-elle.

— Exactement...

— Ni Patrick Badonnel. Et il a écrit le manuel du *Choix de Sophie* pour l'agrég'.

— Qui ?

Le trottoir s'était rétréci et nous devions marcher l'une derrière l'autre.

— Je n'ai vu aucun des noms que tu mentionnes — Rosenfeld, Ozick, Meyers — sur notre liste de lecture. Qu'est-ce qui les rend si importants ?

Marcher et parler en même temps m'essoufflait. Comment la réaction de ces critiques, intellectuels juifs américains, pouvait-elle être négligée à ce point ? Déboussolée, je ne répondis rien. Quand nous arrivâmes à la place de la Sorbonne, les *forts* s'étaient répartis autour de la fontaine et finissaient leurs sandwiches. Tandis que Floriane jetait l'enveloppe de plastique dans une poubelle et s'essuyait les mains, je voulus dire quelque chose de gentil et sans ambiguïté afin de remettre la conversation sur les rails. Au lieu de quoi, je m'entendis dire :

— Un sujet intéressant, l'agrég'.

Elle cessa de se nettoyer les ongles.

— Hein ?

— Je pense qu'on pourrait l'étudier comme un texte.

Elle plissa les yeux et me regarda avec une pointe de suspicion.

— Par exemple, continuai-je, regarde les textes britanniques de notre liste de lecture : *Richard II*, *Lord Jim*, *Henry VIII*, *The Good Soldier*, Robert Burns, les *Confessions* — des classiques sur le pouvoir, la perception, le langage, la mémoire. Maintenant regarde les auteurs américains qui ont été sélectionnés : Mencken, Styron, Flannery O'Connor.

— Et alors ?

— Mencken, expliquai-je, critique avec virulence la politique, la culture, la religion et les valeurs américaines. Styron compare les camps de la mort nazis aux plantations du Sud, où vivaient les esclaves. O'Connor donne une image du Sud tellement dévastatrice que ses propres personnages se demandent s'ils ne devraient pas envoyer leurs pairs aux fours crématoires.

Floriane ne m'interrompait pas, donc je continuai.

— Même les textes que nous traduisons ! Tu te rappelles celui sur la prom ?

— Tu veux dire que l'agrég' est antiaméricaine ?

— Je me demande, dis-je calmement, comment les textes ont été choisis.

— Tu ne peux pas croire que le choix des livres puisse nous influencer, dit Floriane. J'ai voyagé aux États-Unis. J'ai vécu là-bas. On ne peut pas me manipuler si facilement.

Des éclats de rires interrompirent nos reparties de plus en plus tendues. Tous les *forts* sauf un – Mathilde, une petite brune à l'humour vif – étaient alignés comme des moineaux sur le bord de la fontaine. Le grand type aux cheveux frisés avait un cahier sur les genoux. Une ligne verticale à l'encre bleue divisait la page. À gauche, des titres ; à droite, des sujets d'analyse.

La liste ressemblait à cela :

Œuvre	Sujet d'analyse
Richard II	Possession/ ombre et lumière/ le roi nu
Confessions	Labyrinthes et hiéroglyphes/ sens du temps/ temps des sens/ Et l'autre
The Good Soldier	Darwinisme…
Lord Jim	Roman polymorphe/ et le Saut
Henry VIII	Et la Réforme

C'était un jeu. Le garçon aux cheveux frisés choisissait un titre, et Mathilde devait compléter avec un sujet.

– *Richard II*, cria le frisé.

– Et le sens du temps, hurla Mathilde.

Personne ne rit.

– Hé, c'est un bon sujet, dit quelqu'un, on a intérêt à le noter.

Derrière la fontaine, un adolescent filmait une fille qui parlait dans un micro poilu.

– Regardez, dis-je.

Les *forts* se retournèrent. Immédiatement, Mathilde mima la fille :

– Salut ! lança-t-elle dans un micro imaginaire, nous sommes les a-gré-gés !

Elle attrapa William par la manche et le tira vers elle.

– Et ça, annonça-t-elle, c'est un vrai Anglais. Parle un peu anglais, William !

Nous nous mîmes tous à rire.

– Si j'apportais ma caméra vidéo, demandai-je, referiez-vous ça pour moi ?

– Alice veut étudier l'agrégation d'un point de vue socio-culturel, expliqua Floriane.

– Intéressant.

Peu après, les *forts* commencèrent à s'éloigner par groupes de deux ou trois pour travailler sur le thème à rendre le soir même. Je n'avais pas l'intention de les imiter. Durant les derniers cours, j'étais parvenue, en appliquant les règles françaises à l'écriture anglaise, à multiplier ma note par 8 pour atteindre 16. Compte tenu de la dureté des bancs, j'allais m'en contenter. Dans mon cahier, j'écrivis : « Interviewer les étudiants. » Le temps de reboucher mon stylo et ils étaient tous partis.

Le jour suivant, devant l'entrée de Paris-IV, j'aperçus le groupe des forts souffler la fumée de leurs cigarettes et taper des pieds pour se réchauffer. Je leur fis un sourire, mais je ne reçus pour toute réponse qu'une série de haussements d'épaules. J'avais peut-être été imprudente en parlant de l'agrégation comme d'un texte à décoder. Après tout, notre intérêt était de la réussir – pas de la comprendre.

Je montrai ma carte d'étudiant au gardien et grimpai l'escalier en colimaçon qui menait à l'amphithéâtre Michelet. Comme d'habitude, et en dépit des 5 °C venteux qui sévissaient à l'extérieur, l'air y était aussi humide et lourd que celui d'une jungle tropicale. Sous mon gros manteau d'hiver, j'avais revêtu une tenue adéquate : un T-shirt en coton à manches courtes. Mais, malgré cette précaution, je savais que j'allais être en eau à la fin du cours.

Abandonnant momentanément ma place confortable au premier rang, je pris place à côté de Rebecca, près du mur du fond. Elle était soignée et élégante comme d'habitude, me faisant rougir de mes vieux jeans, usés à l'intérieur des cuisses. Elle se pencha vers moi et chuchota :

– J'abandonne.

– Quoi ?

– L'agrég' est réservée aux Français. Et aux hommes.

Elle jeta un coup d'œil peu amène à William, assis avec le groupe des *forts* à notre droite. Durant une de ses conférences, qui semblait vouloir dire « vous êtes condamnés », le professeur de version avait toutefois assuré à William que, bien que sa langue maternelle ne fût pas le français, il avait une chance, car le jury « favorisait les hommes ».

– Ces gens ont-ils entendu parler de la discrimination sexuelle ? siffla Rebecca. J'arrête de perdre mon temps. Je tire de ces cours ce que je peux et c'est tout. C'est impossible.

Elle balaya une poussière inexistante de son pull et me fixa de ses yeux perçants.

– Tu n'as aucune chance non plus, *darling*.

Le professeur entra avant que j'aie pu répondre. C'était une femme. Visiblement surmenée, elle me fit l'effet d'une branche privée de sève. Comme les femmes d'un certain âge doivent travailler dur ! pensai-je, oubliant que j'en étais une.

Le professeur prit place sur l'estrade. Pensant encore à la déclaration de Rebecca, j'ouvris mon cahier et rassemblai mes forces. Le professeur parla des origines du protestantisme, de la traduction de la Bible en anglais, de la séparation de l'Église et de l'État, du développement de la démocratie moderne, de la notion de la liberté de conscience – en bref de Henry VIII et du schisme. Le sujet était superbement choisi, car il permettait de comprendre certains aspects-clés de la civilisation anglaise, ainsi que le type de problèmes auxquels Shakespeare avait dû être confronté quand il écrivait pour la fille de Henry VIII, Elizabeth. Les deux sujets – *Richard II* et ce cours sur *Henry VIII* de Shakespeare – avaient manifestement été choisis pour se compléter.

Je regardai du côté de Rebecca pour voir si elle prenait autant de plaisir que moi à suivre le cours. Son humeur était sombre.

Comme nous sortions de l'amphithéâtre, elle agrippa mon bras.

— Franchement, *darling*, dit-elle, répondant aux questions que je ne lui avais pas posées, je n'ai simplement pas le temps d'apprendre l'écossais.

— Qui a le temps ? m'esclaffai-je.

Elle me regarda, effarée.

— Pour Burns évidemment.

Horreur ! Robert Burns. Le poète national écossais. Auteur de *Auld Lang Syne* et *To a Louse*. Nos professeurs s'attendaient-ils vraiment à ce qu'on apprenne l'écossais ? Ça ne m'avait jamais traversé l'esprit. Spécialement depuis que, comme nous venions de le découvrir au cours de l'heure précédente, la vogue des traductions protestantes de la Bible en anglais et le génie de Shakespeare avaient scellé la mort des langues « mineures » telles que l'écossais dès le XVIIᵉ siècle.

— Tu te moques de moi, n'est-ce pas ?

— C'est une façon d'éliminer les candidats. De n'importe quelle manière.

Nous avions atteint l'amphi de la Mort, où Burns était enseigné.

— Tu viens ? lui demandai-je.

— Toi, tu y vas, *darling*, dit Rebecca, me poussant légèrement dans le dos. Va apprendre l'écossais.

Nous avions cinq minutes pour déjeuner avant le cours sur Robert Burns. Je pris un siège dans le fond afin de pouvoir fuir en cas de malaise. Une grosse femme vêtue d'une chemise à fleurs s'approcha timidement.

Je me poussai pour la laisser passer.

— Vous êtes américaine ?

— Canadienne. Bonjour.

Elle se pencha et sortit de son sac un sandwich au jambon. Ses cheveux étaient ébouriffés comme si elle sortait tout droit d'un conduit de soufflerie. Son visage franc et large paraissait amical, bien qu'une Flannery O'Connor eût pu le comparer à un chou ou à une citrouille.

— Je ne vous ai jamais vue. Vous êtes nouvelle ?
Elle rit.
— Non, je passe l'agrég' pour la quatrième fois.
— Est-ce possible ?
— Oh oui. Mais je commence à penser que c'est une bataille perdue d'avance. Mes résultats continuent de progresser, mais pas aussi vite que la moyenne. Je pense que je suis en train de devenir accro à l'agrég'.

Je méditai quelques instants sur ce qu'elle venait de dire et avalai une gorgée d'Évian.

— Est-ce que vous ne vous ennuyez pas, à étudier toujours les mêmes sujets ?

— Un peu, admit-elle en prenant une grosse bouchée de son sandwich. Avec *Lord Jim*, surtout. Saute ! Saute ! Mais j'aime la linguistique. C'est fascinant. Je ne comprends pas un mot de ce que dit le professeur, mais il est plutôt brillant.

Le larsen du microphone mit fin à notre conversation.

— Nous commencerons avec un exposé, annonça le professeur. Frédéric ?

Un jeune homme nerveux s'avança et commença à débiter, en français, un jargon choisi apparemment au hasard : « parler d'oralité », « opposition écrite et orale ». Cela ressemblait au jeu auquel les *forts* jouaient près de la fontaine, mais sans intention comique. Puis il lut un extrait de Robert Burns, avec un accent écossais. «*There's Gaw'n, misca'd waur than a beast,/ Wha has mair honour in his breast/ Than mon scores as guid's the priest...* »

Le sujet de l'exposé était « La satire chez Robert Burns ». Je l'appris parce que le professeur nous le dit quand l'étudiant eut fini.

— La satire est à la fois un mode de vision, un mode de discours qui défend une perspective polémique ou critique, et qu'elle soit en prose ou en vers, un genre littéraire spécifique, expliqua-t-il, faisant abstraction de l'étudiant debout près de lui, dont le visage prenait une couleur de cendre. Jonathan Swift la décrit comme « une sorte de verre dans lequel ceux qui regardent à travers découvrent généralement le visage de tout le monde sauf le leur ».

J'étais assise bien droite et j'écoutais avec attention. Pour une raison ou pour une autre, Robert Burns, poète écossais du XVIIIe siècle, me sembla soudain pertinent.

— Il y a aussi un élément didactique dans la satire, continua le professeur, qui vise à l'amélioration.

Oui, opinai-je, pourquoi critiquer si ce n'est pour améliorer ?

— Burns emploie souvent la « technique indirecte », mettant des mots dans la bouche de l'orateur qui représente le groupe visé.

« Technique indirecte », notai-je.

— Quand le poète se projette dans la position de son ennemi, cela démontre sa compréhension de l'humain. Et techniquement, cela peut même engendrer une crapule sympathique.

Une crapule sympathique. Qui cela pourrait-il être ? Je regardai autour de moi et comptai dix-huit têtes — dix-neuf avec la mienne. Je jetai un coup d'œil à la Canadienne, qui me sourit. Non, pensai-je. Cherche ailleurs.

Chapitre 15

Une leçon d'économie

Les chiffres revendiqués par les entreprises de soutien scolaire sont en constante progression : 78 000 élèves pour Academia, le leader avec 2,2 millions d'heures de cours vendues, 30 000 pour Legendre, 10 000 pour Anacours.

20 minutes, septembre 2005.

Je trouvai deux brochures dans la boîte aux lettres. L'une de « Mathplus » et l'autre du « Groupe Superétude ! ». Ils offraient des cours de français, de maths et d'anglais au prix de 31 euros par enfant pour une séance de deux heures. Le nombre maximum d'élèves était fixé à huit. Pourquoi des parents paieraient-ils, alors que leurs enfants bénéficiaient de dix ans de leçons d'anglais gratuites à l'école publique ? Je saisis ma calculatrice : 8 x 31 euros = 248 euros pour deux heures. Eh bien ! Quelqu'un se faisait beaucoup d'argent grâce à l'anglais! Je me demandais qui.

Je cherchai le numéro vert à la fin de la brochure et l'appelai. Presque aussitôt, une voix vive et aimable s'enquit de la raison de mon appel. Je donnai mon nom et demandai si, par chance, Superétude! cherchait des professeurs. Pas le moins du monde surprise par ma question, la voix répondit oui. Étais-je prête à passer le «pré-entretien téléphonique» dès maintenant? Pourquoi pas? pensai-je. Il valait mieux avoir un plan B au cas où je raterais l'écrit de l'agrégation. «OK», dis-je, pensant que mon appel serait transféré vers un autre service.

– Quelles études avez-vous faites, quelle est votre expérience professionnelle et pourquoi voulez-vous enseigner l'anglais? continua la voix sans changer de ton.

Je mentionnai mon diplôme d'une université américaine, mes voyages, mon diplôme de HEC, mes quinze ans en entreprise, mon licenciement, mon envie de changer de profession, mes efforts pour préparer l'agrégation, et mon espoir que l'enseignement puisse être compatible avec l'écriture et l'éducation de deux filles.

– L'interview dure une heure et demie, répondit la voix. Est-ce que lundi à 10 heures vous conviendrait?

Je le lui confirmai.

— Nous sommes au 1, rue de la République, troisième étage, à gauche. Munissez-vous des documents suivants : carte d'identité française et deux photocopies, carte d'étudiant, vos diplômes les plus récents, un CV, une lettre de motivation manuscrite, votre carte Vitale, et un RIB.

— La lettre de motivation est-elle indispensable ?

— Votre CV ne sera pas pris en compte sans elle.

— Est-ce que vous avez recours à un graphologue ?

Lors de mon premier entretien d'embauche en France, vingt ans auparavant, j'avais été ébahie de découvrir que le DRH employait un graphologue pour éliminer les candidats si leur écriture se révélait antisociale.

— Nous demandons la lettre de motivation afin de vérifier la qualité du français écrit. Nous avons des clients très exigeants qui attendent de nous le meilleur niveau de service. Il est impératif de nous assurer que nos professeurs atteignent nos standards.

— Bon, très bien. Pourriez-vous me renseigner sur le montant du salaire horaire ?

C'était deux à trois fois plus que le salaire horaire minimum. Nous confirmâmes le rendez-vous, nous nous souhaitâmes une bonne journée et raccrochâmes.

Au conseil municipal, ce soir-là, nous avions épuisé les vingt sujets de délibération inscrits à l'ordre du jour. On passa aux questions diverses. Il était déjà 22 heures.

— Je me demandais, commença Cyril, comme moi membre de l'opposition, si notre ville ne pourrait pas offrir des cours d'anglais aux collégiens.

Un soupir de soulagement collectif s'éleva. Nous avions passé le plus clair de la soirée à nous disputer à propos de la nouvelle loi qui nous obligeait à dépenser une somme très importante pour fournir gracieusement huit emplacements de 200 m² chacun aux gens du voyage. « S'ils veulent vivre en ville, ils n'ont qu'à acheter un terrain comme n'importe qui d'autre ! » « Pourquoi leurs enfants auraient-ils la permission de s'inscrire à l'école au milieu de l'année et de partir quand ils veulent, alors que les nôtres ne le peuvent pas ? » « Pourquoi recevraient-ils ces avantages plutôt que, par exemple, les handicapés ? » « Et que ferions-nous si vingt familles se pointaient plutôt que huit ? »

Le maire avait mené le débat avec sa bonhomie habituelle jusqu'au moment où certains des membres du conseil annoncèrent leur intention de s'abstenir. «C'est peut-être la loi, mais c'est une mauvaise loi, donc je compte m'abstenir.» «Je suis favorable, mais le site proposé est inhumain, donc je compte m'abstenir.» À ces mots, monsieur le maire, dont le visage se contracta comme une huître arrosée de citron, hurla : «C'est votre devoir de prendre position ! L'abstention est une hypocrisie pure et simple ! »

Au moment du vote, la majorité était en totale rébellion. Dans ce contexte, un sujet consensuel comme l'état déplorable de l'enseignement des langues étrangères en France offrait à tous un répit salutaire. Les rides profondes sur le visage du maire semblèrent disparaître tandis qu'il écoutait Cyril poursuivre :

— Non que je veuille critiquer l'Éducation nationale, mais les cours d'anglais dispensés à l'école ne leur apprennent pas à le parler. Ne pourrions-nous pas leur offrir des ateliers de conversation à l'extérieur de l'école, comme nous le faisons pour les adultes ?

— Eh bien, dit le maire, je n'ai pas non plus l'intention de critiquer l'Éducation nationale, mais il est clair que la question mérite d'être posée. Sur les 20 000 étudiants de l'université de Marne-la-Vallée, seuls dix pour cent peuvent vraiment parler anglais quand ils obtiennent leur diplôme. Je pense comme vous que cette situation est inacceptable.

Autour de la table de conférence de trente-trois places, les conseillers hochèrent la tête.

Cyril se pencha vers le micro.

— Notre ville prévoit-elle de faire quelque chose ?

Bien que socialiste pur et dur et ami des professeurs du monde entier, Cyril était aussi le père d'une fillette qui, apparemment, n'avait pratiquement rien appris en anglais pendant l'année scolaire.

— Comme vous le savez, expliqua le maire, la ville finance déjà les cours d'anglais des CM1, puisque l'État les rend obligatoires, mais n'a pas débloqué les crédits nécessaires. Et nous ne pouvons pas tout faire. C'est au département de gérer le collège, pas à la ville. L'enseignement des langues étrangères en France est incohérent, mais nous n'y pouvons rien.

Cyril se pencha et me murmura :

— Pourquoi pas des ateliers de conversation offerts gratuitement à tous les collégiens ?

Un monsieur à la retraite, qui faisait partie du conseil depuis des décennies, leva la main :

— Dans notre centre culturel, nous avons quarante-quatre gamins enregistrés pour des cours de soutien. Si des enfants veulent apprendre à parler l'anglais, ils peuvent le faire avec nous.

— Cela coûte de l'argent et alourdit une journée déjà longue pour les enfants, protesta Cyril.

Mais il avait perdu le soutien de ses collègues. Il était 23 h 30 et chacun voulait rentrer chez soi.

Lundi. Mon entretien avec Superétude ! ne s'est pas bien passé. La réceptionniste me reçut froidement.

— Vous êtes ? demanda-t-elle.

Son piercing au nez brillait sous le néon du bureau.

— Madame Wunderland, dis-je. J'ai rendez-vous à 10 heures.

— À quel sujet ? s'enquit-elle avec arrogance.

— Un entretien pour être professeur d'anglais.

Cette information sembla lui déplaire.

— CV et lettre manuscrite, ordonna-t-elle, omettant le « s'il vous plaît » le plus élémentaire.

Comme je les lui tendais, elle regarda la pendule murale au-dessus de ma tête.

— Mais il est 10 h 10. Que vous arrive-t-il ?

L'impolitesse de cette question me déstabilisa. Si j'avais conservé mes esprits, j'aurais pu répondre que j'avais été renversée par une voiture, mais au lieu de cela je bredouillai quelques phrases pathétiques à propos d'une confusion entre les étages.

— L'interviewer vous attendait à 10 h 30. Il est trop tard maintenant. Il faut trente minutes aux candidats pour préparer leur entretien. Je pense qu'il vaut mieux reprendre un autre rendez-vous.

— Je vis assez loin d'ici, dis-je en dissimulant ma colère, laissons tomber.

À son expression de satisfaction, je changeai d'avis. D'un autre côté, raisonnai-je, il est seulement 10 h 15. Peut-être pourrais-je remplir les formulaires en un quart d'heure et être prête pour l'entretien de 10 h 30. Je fis cette suggestion.

— Comme vous voulez.

Elle poussa les papiers vers moi.

— Dernière porte sur votre gauche. Assurez-vous de bien remplir la demande d'extrait de casier judiciaire, vous allez travailler avec des enfants.

Bien que je n'aie jamais été arrêtée de ma vie, je n'étais pas sûre de vouloir qu'elle le sache. C'était le genre de fille à respecter quelqu'un qui avait un passé criminel.

— Merci, dis-je en attrapant mon cartable.

Deux jeunes hommes me sourirent lorsque je passai devant les portes ouvertes de leurs bureaux. L'endroit semblait en pleine activité. Un bon signe, pensai-je en m'installant. Bizarrement, la convention était déjà revêtue de la mention « bon pour accord » et signée. Je commençai à la lire quand une jeune femme à l'aspect sévère apparut à la porte.

— C'est moi qui vais vous interviewer, annonça-t-elle sans me tendre la main. Suivez-moi.

— Veuillez vous installer, dit-elle.

À son ton, je traduisis par « Assise ! ». Elle prit mes formulaires et me demanda si j'avais des questions.

— Oui, dis-je, comment les étudiants me seront-ils assignés ?

Elle fronça les sourcils.

— S'il y a un étudiant dans votre secteur, nous vous appelons. Vous pourriez commencer dès demain.

— Euh, est-ce que je pourrais voir le livre que vous utilisez ?

— Je n'en ai pas ici.

Elle croisa les bras et s'adossa.

— Alors comment puis-je faire pour me familiariser avec vos manuels avant le premier cours ?

— Nous recommandons aux professeurs d'utiliser le matériel des étudiants.

Elle reboucha son stylo d'un geste sec.

— Bon, dit-elle, je m'occupe de la gestion du personnel, pas de l'enseignement. Tout est dans le document ! Si vous l'aviez lu, vous n'auriez pas besoin de me poser ces questions.

Elle me lança un regard furieux.

– Voulez-vous signer, oui ou non ?

Elle regarda sa montre avec ostentation.

– Je crois, dis-je en récupérant les formulaires que j'avais remplis, que je préfère étudier le document.

Je me levai. J'étais stupéfaite : pas de manuel, pas d'examen de mes compétences, aucun intérêt pour la pédagogie et, pourtant, Superétude ! prospérait. Les parents étaient-ils paniqués par l'incapacité de l'école publique à enseigner l'anglais au point de confier leurs enfants à n'importe qui et à n'importe quel prix ? Bien sûr, le gouvernement soutenait les cours privés en accordant des déductions fiscales aux parents qui y avaient recours. Et le pays comptait probablement un nombre inouï de professeurs d'anglais désespérés et incapables de desserrer l'étau du monopole d'État. Une partie de l'enseignement de l'anglais en France était donc confiée à des entreprises privées qui employaient les professeurs rejetés par l'Éducation nationale. Les parents et les contribuables payaient plus ; les professeurs touchaient moins d'argent et vivaient dans des situations plus précaires ; les enfants faisaient des heures supplémentaires. Seules les entreprises de soutien scolaire faisaient fortune. Un étonnant transfert de fonds et de responsabilités publics. Pourquoi ?

Chapitre 16

Concours blanc

Il est possible que le signe distinctif permettant de reconnaître un Français n'ait pas tant été son apparence — car elle variait énormément — ni nécessairement le fait qu'il parlait français… que quelque chose de plus profond et de plus subtil : la façon dont il utilisait sa langue, dont il pensait, dont il discutait.

Theodore Zeldin, *Histoire des passions françaises.*

25 janvier. Le jour du concours blanc. L'objectif était de nous accoutumer à une situation de concours afin que nous ne paniquions pas le moment venu. J'explorai longuement les couloirs avant de dénicher la salle D665, dissimulée dans une annexe, elle-même située dans une cour secrète de la Sorbonne. À mon grand soulagement, la pièce était meublée de tables et

de chaises et elle était chauffée. J'étais seule dans la salle et cela me rappela un de mes cauchemars récurrents d'avant-examen : je me dépêche pour avoir une bonne place, puis j'attends, toute seule, jusque bien au-delà de l'horaire prévu, et subitement je me rends compte, mais trop tard, que je suis au mauvais endroit.

Peut-être que personne n'avait envie de s'asseoir pendant six longues heures pour passer un examen blanc dans ce bâtiment préfabriqué qui se refroidissait ? Je vérifiai l'heure sur mon téléphone portable. Vingt minutes d'avance. Soulagement. Cela me donnait encore le temps de réviser. Nous n'avions pas droit à nos notes ni à nos livres pendant l'examen, donc pour impressionner le jury en citant une œuvre, il fallait en apprendre quelques extraits par cœur. Et puisque nous ne connaissions pas à l'avance le sujet de l'interrogation, nous avions intérêt à avoir une bonne mémoire. À mon âge, il était plus facile de se rappeler des citations contenant peu de mots, comme celle de *Richard II* : « *I wasted time, now doth time waste me* [1]. »

C'était une citation géniale parce qu'elle était courte (huit mots), facile à retenir, et qu'elle exprimait succinctement un des thèmes-clefs de la

_____

1. « J'ai gâché le temps, maintenant le temps me gâche. »

pièce de Shakespeare : l'importance de respecter les traditions ancestrales. Lorsque le roi Richard viole un usage ancien en se saisissant des terres d'un des leurs, les nobles contestent sa légitimité. Le respect des coutumes ne peut pas être traité à la légère – et pas seulement dans l'Angleterre du XVᵉ siècle.

Mon objectif pour aujourd'hui : analyser le texte, faire un plan et aller voir un film. Je tripotai les doubles feuilles utilisées communément dans les écoles françaises. Ma fille n'avait aucune difficulté à écrire proprement et sans ratures quatre pages avec un stylo-plume. Moi, j'étais tellement habituée à couper et coller avec Word qu'écrire sans ordinateur revenait à m'amputer. Pas de correcteur d'orthographe non plus. Consciente de mes points faibles, j'avais acheté des stylos correcteurs spéciaux. D'un côté coulait de l'encre bleue pour écrire et de l'autre un fluide blanc pour effacer. C'était moins pratique que la touche « supprimer », mais un compromis valable avec la tradition.

Je débouche le capuchon bleu et gribouille quelques lignes sur une feuille de papier blanc. C'est parti ! Puis j'enlève le bouchon blanc de l'autre côté du stylo et repasse sur le gribouillage bleu. Il ne disparaît pas du tout ! Je ne peux pas l'effacer !

J'avais maintenant un nouvel objectif : écrire un devoir sans ratures. Le concours blanc était une bonne idée, au moins pour tester la logistique.

D'autres étudiants arrivèrent. La plupart s'étaient munis de pommes, de barres chocolatées et d'une bouteille d'eau. Chaque fois que l'un d'eux ouvrait la porte, la salle se refroidissait. De la buée sortait de ma bouche. À 13 heures, à la surprise des trente et quelques étudiants rassemblés là, le professeur Chips entra et se dirigea vers le bureau à l'avant de la pièce. Qu'est-ce qu'un professeur faisait là ? Nous étions censés être sous la garde de simples surveillants ! Elle nous distribua deux pages de texte de *Richard II* (Acte II, scène 1).

– Vous avez six heures pour rédiger un commentaire, annonça-t-elle, vous pouvez commencer !

Je lus le texte deux fois, soulignai certains mots, jetai quelques notes sur le papier, fis un plan et me mis à écrire. Quand j'eus terminé, je me levai et tendis ma copie à Chips. Elle eut l'air étonné. Elle nota l'heure sur la page de garde. Dehors, je regardai mon portable : il était 2 h 54. Moins de deux heures s'étaient écoulées. L'examen durait six heures. Ce n'était qu'un concours blanc, mais quand même ! Quatre heures trop tôt ? Durant le vrai concours, décrétai-je, je resterais plus longtemps.

Comme je l'avais décidé, je me fis le plaisir d'une séance de cinéma. Et c'est évidemment à ce moment-là que tous les commentaires que j'aurais pu faire m'assaillirent.

Ce soir-là, Rebecca appela :

– Oh, tu as eu bien raison de ne rester que deux heures ! Nous venons de sortir, me dit-elle.

Il était 19 h 15 !

– Tu veux dire que tout le monde a vraiment écrit pendant six heures ?

– Oui, et beaucoup d'entre nous n'ont pas fini.

– Vraiment ?

Elle éternua.

– La salle était de plus en plus glaciale, une panne de chauffage. Le surveillant qui a remplacé Chips était un idiot fini. Quand je me suis plainte du froid – mes doigts étaient engourdis –, il a dit : « Vous avez raison, il fait beaucoup trop froid ici » et il est parti. Il est parti, *darling*. Plus personne pour s'assurer que nous ne trichions pas !

Je trouvais cela comique : qui voudrait tricher pendant un examen blanc ? Je fis l'erreur de rire.

– Ce n'est pas drôle, *darling* ! cria Rebecca. L'idiot était supposé annoncer le temps qui restait et il ne l'a pas fait ! Il n'y avait pas d'horloge dans la salle, donc nous comptions sur lui. Un des étudiants – tu le connais, William, le grand Britannique – avait apporté un réveil et l'avait posé sur son bureau, où tout le monde pouvait le voir. J'ai pensé : comme c'est sympa de sa part ! Mais, alors que le réveil de William indiquait 17 h 55, l'autre imbécile est soudain revenu dans la classe et a annoncé : « Il vous reste cinq minutes ! Rendez vos devoirs ! »

– Mais si le réveil de William disait qu'il restait une heure… ?

– C'était faux. Son réveil était réglé sur l'heure britannique !

Je réprimai un nouvel éclat de rire.

– Tu ne crois pas qu'il l'a fait exprès quand même ?

– Je n'ai pas pu finir. J'ai dû rendre mes notes. Je pensais que c'était un type bien, mais je ne lui parlerai plus jamais.

Ainsi finit la solidarité entre anglophones à Paris-IV.

Chapitre 17

Le Mal Absolu

*Le roman de William Styron a brutalement remis
en question l'opinion la plus répandue à propos de
l'Holocauste [...]. L'opinion courante parmi la plupart
des érudits et écrivains juifs, notamment chez Bauer,
Cohen, Dawidowicz, Fackenheim, Gilbert, Goldhagen,
Katz, Langer, Lipstadt et Ozick, est que l'Holocauste
fut unique... Styron critique vigoureusement les érudits
et écrivains juifs pour cette interprétation « étroite » et
spécifiquement juive. Il propose à la place une interprétation universaliste et même métaphysique [...] de
l'Holocauste comme l'incarnation du mal absolu, qui
menace l'humanité dans son ensemble...*

D.G. Myers, *Jews Without Memory* : Sophie's
Choice *and the Ideology of Liberal Anti-Judaism.*

13 janvier. Malgré le confort relatif de la salle
F363 (tables et chaises), seuls vingt étudiants
étaient présents ce matin-là pour *Sophie's Choice*.

Pas de *forts*. Savaient-ils quelque chose que j'ignorais? Comme d'habitude, le professeur était impeccablement habillé. Et comme d'habitude, le livre resta fermé. Après une discussion sur des points de détail (l'identité véritable de certains personnages), le professeur se lança dans un cours magistral sur le concept de Mal absolu, dont nous prîmes note docilement.

– La démarche de Styron est globalisante, expliqua-t-il, Styron a une approche universelle, allégorique du mal, dont chacun de nous est porteur. Comment, pour citer Styron, Dieu a-t-il pu permettre que cela ait lieu?

C'était une question rhétorique, le seul type de question autorisée. Et pourtant, transgressant une loi non écrite, ma main était déjà levée. Surpris, le professeur me donna la parole d'un signe de tête.

– Ce type d'approche indirecte ne nous éloigne-t-il pas de la question de base, qui est comment les Allemands ont fait pour tuer tous ces gens?

Les étudiants arrêtèrent d'écrire et échangèrent des regards irrités, mais le professeur ne se laissa pas perturber.

– Assurément, vous n'allez pas vous laisser aller à la xénophobie anti-Allemand, n'est-ce pas? sourit-il.

Je me souvins du professeur de version m'expliquant que les Allemands étaient systématiquement éliminés de l'agrég' d'allemand, et moi aussi je fis un petit sourire.

— Certainement pas, dis-je, mais n'est-ce pas une façon de ne pas prendre ses responsabilités que de se cacher derrière l'idée que nous sommes tous mauvais, que le mal est en chacun, ou qu'Auschwitz est une métaphore du mal ? Et si on parlait de l'endroit réel, des victimes réelles ?

Généralement, je ne m'intéresse pas aux questions rhétoriques, mais, puisque le débat autour des problèmes sérieux soulevés par Styron était tabou, je ne savais que faire d'autre. Le professeur fit une grimace de résignation, comme pour dire : « Je m'attendais à cela. »

Mais moi non. Et je tremblai. « Calme-toi, me morigénai-je. Ce n'est que de la littérature. »

Que de la littérature ?

À l'extérieur de la Sorbonne, la France commémorait le soixantième anniversaire de la libération d'Auschwitz, où quelque 960 000 juifs avaient été assassinés. Mais à l'intérieur de la Sorbonne ? Pas de faits. Pas d'émotions. Pas de jugements de valeur. Pas même d'histoire. Je regardai autour de moi. Ces étudiants grattant sur leurs feuilles avaient-ils au moins lu le roman en anglais ?

À la sortie, Rebecca m'attrapa par le bras.

— Vraiment, *darling*, tu sais bien qu'ils détestent que tu interrompes la conférence avec ces questions sans aucun rapport avec le cours.

Je regardai son ensemble rouge et ses yeux intenses. Pour la première fois, je fus frappée par leur ressemblance avec ceux d'un oiseau de proie, et je compris : je n'étais pas d'humeur à supporter Rebecca.

— Je déteste ce livre, dis-je, et je déteste la façon dont nous l'étudions. Je déteste le fait que personne ne prenne le sujet au sérieux. Que personne ne s'intéresse aux faits réels.

Je me dégageai et me tournai pour lui faire face.

— La Shoah a eu lieu ici même, en Europe, sur ce sol même, et on parle de l'esclavage américain et de Kant et de stratégies narratives et de je ne sais quoi encore.

— Tu admettras que le rapprochement avec l'esclavage américain est assez intéressant.

L'accent britannique de Rebecca était aussi tranchant qu'un rasoir. Dans ma bouche sèche, je sentais le goût de la bile.

— Ils ont ouvert le mémorial de la Shoah il y a deux jours, dis-je, je pense que je vais aller le visiter.

– Quand même pas à cause du *Choix de Sophie* ?

Je fis mine de partir, mais elle me rattrapa par le bras.

– Vraiment, *darling*, tu ne peux pas prendre cela au sérieux. Tu sais que les étudiants sont terrifiés quand on interrompt un cours. Ils n'ont qu'un temps limité pour préparer le concours et il faut qu'ils puissent terminer. Toutes ces questions métaphysiques les ralentissent. L'agrég' n'est pas le bon endroit pour s'occuper des injustices de l'histoire. Tu sais cela, Alice, n'est-ce pas ? Alice ?

J'essayai de me libérer, mais elle me serra le bras plus fort.

– Tu devrais aller aux cours de Paris-III, dit-elle. Vas-y. Cette interprétation-là du *Choix de Sophie* va te dérider. Le professeur est un lacanien. J'ai entendu dire que, selon lui, le livre raconte l'histoire d'un conflit entre les deux frères, Nathan et son cadet, qui a mieux réussi que lui. Rivalité entre frères, tu te rends compte ?

Je me dégageai.

– Je dois y aller, dis-je, à plus.

– Alice... dit-elle.

Mais je n'écoutais plus.

Plutôt que de descendre dans le métro, je pris le bus pour le Marais, le quartier historique juif. Dans les anciens bâtiments aux poutres apparentes vivait désormais un mélange de juifs orthodoxes et de gays. Magasins casher, boîtes de nuit et boutiques à la mode alternaient le long des rues étroites et tortueuses. Dans le crépuscule, le bus traversa la Seine et je regardai les lumières de Paris glisser à l'envers sur les reflets des vitres.

Le mémorial de la Shoah était neuf. À l'intérieur, sur un mur noir et brillant, étaient inscrits les noms des 76 000 juifs français, dont 11 000 enfants, exterminés grâce aux efforts conjugués des fonctionnaires français et allemands. Ces noms avaient été répertoriés, non par le gouvernement français, mais par des chercheurs privés, extrêmement déterminés à accéder aux archives fermées. Je pris place dans la longue file à l'entrée du musée.

Des visiteurs âgés attendaient en silence de passer les portes blindées et le contrôle de sécurité. Les femmes étaient vêtues de lourds tailleurs ornés de broches. Les hommes portaient des cravates. Une fois à l'intérieur, ils mettaient leurs lunettes et cherchaient un parent ou un ami sur le mur en touchant les noms de leurs mains noueuses. Certains déposaient des fleurs. Je regardai aussi. J'y trouvai gravé mon nom de jeune fille, associé au prénom de Laurence. Qui était Laurence ? me demandai-je. Et que faisait-elle en France ?

Je montai au centre de documentation, au dernier étage. Le musée n'était pas encore complètement aménagé. Deux ouvriers arabes, à genoux, retiraient les feuilles de plastique protégeant le sol de la peinture. Je les contournai.

– Bonjour, dis-je.

– Bonjour.

Le centre de documentation était équipé d'ordinateurs que les visiteurs pouvaient utiliser. Je m'assis devant l'un des terminaux et tapai le nom de Laurence. Laurence était née à Hambourg et, au moment de son arrestation par la police française, elle travaillait dans une boulangerie d'une ville du sud de la France où sa famille juive allemande l'avait probablement envoyée pour la protéger. Un des documents donnait le numéro du convoi qui l'avait emmenée. Je cliquai sur «Imprimer». Je ne connaissais pas Laurence et n'avais aucune idée de ce que je voulais faire de ce document sur sa déportation. Notre seul lien était notre patronyme, rare de nos jours. Au moment où elle avait été tuée, Laurence était un peu plus jeune que je l'étais aujourd'hui.

Rien ne sortit de la machine. J'allai demander de l'aide et attendis mon tour avec des gens âgés de 70 à 90 ans. Contrairement à moi, certains de ces noms évoquaient sans doute des personnes qu'ils avaient connues. À l'accueil, trois jeunes gens tentaient de répondre aux questions. Leurs visages portaient la trace de leur accablement physique et émotionnel.

– Quel monde ! dis-je quand vint mon tour.

– Nous ne nous y attendions pas, répondit la jeune fille au visage rose derrière le comptoir. Personne ne s'y attendait. Nous n'avons pas assez de personnel. Tous ces gens. Cherchant…

Je hochai la tête avec sympathie. Elle faisait de son mieux. J'appris qu'il n'était pas encore possible d'imprimer en raison d'un problème technique. Pour le moment, tous les documents étaient immobilisés dans la base de données. Mais la situation serait bientôt rétablie. Je fus frappée par l'importance que prenait à mes yeux ce transfert de l'ordinateur au papier. Pour donner de la réalité aux choses. Puis je pensai à ma tranquille petite ville, mon oasis juste à côté de Paris. Était-elle bien réelle ?

– Si je voulais savoir s'il y a eu des gens déportés dans la ville où j'habite, est-ce que je pourrais faire des recherches par code postal ? demandai-je.

– Non, dit la fille en secouant la tête. Impossible, les codes postaux n'ont pas été indexés. Vous ne pouvez chercher ni par ville ni par aire géographique.

– Peut-être pourrait-on ajouter cette fonction ?

Elle me tendit un formulaire que je remplis. Ma maison avait-elle été volée à des juifs ? Les maisons de mes voisins ? Combien ? Où ? Par qui ? Pourquoi était-ce important soixante ans plus tard ? Pourquoi Styron avait-il fait de son principal personnage juif un malade mental, violent, drogué et meurtrier ? Pourquoi ce fait n'était-il pas mentionné en cours ? Ce n'était pas normal. J'avais pensé pouvoir jouer le jeu de l'agrég' – folâtrer avec les dissertations françaises, apprendre à compliquer la grammaire anglaise –, mais ça ! Étudier la Shoah tout en proscrivant les faits !

Le lendemain, je tombai malade. Je ne retournai pas en cours pendant cinq semaines.

II

Chapitre 1

Au lit avec le CNED

Avec 350 000 inscrits dans plus de 3 000 formations,
le Centre national d'enseignement à distance mérite
incontestablement son statut d'académie à part entière.

Luc Ferry, ministre de la Jeunesse,
de l'Éducation nationale et de la Recherche,
cité dans la revue du CNED.

Le CNED, Centre national d'enseignement à distance, offre des cours par correspondance préparant à presque tous les diplômes
et concours; il publie une collection de livres
reconnaissables à leur couverture souple, bleue
et rouge. Pour l'agrégation d'anglais, la plupart
des livres du CNED contenaient, comme on
pouvait s'y attendre, un mélange de chapitres en
français et en anglais, à deux exceptions près :

195

celui portant sur *Richard II* de Shakespeare, écrit exclusivement en français, et celui qui portait sur *Le Choix de Sophie,* rédigé, selon Rebecca, principalement en lacanien.

De tous les livres du CNED, celui que je préférais était consacré à Flannery O'Connor. Le premier chapitre, intitulé « *The Religious Essence of Her Works* [1] », développait les notions de mal, de péché originel, de baptême, de libre arbitre, de commandement, d'incarnation, de rédemption, d'expiation, de grâce, de justification, de foi, d'Eucharistie, de transsubstantiation, d'élévation, et de communion pour des lecteurs peu familiers avec ces concepts. « Même si on ne partage pas les préoccupations de Flannery O'Connor à propos du divin et de la rédemption, affirmaient les auteurs du CNED, on peut néanmoins apprécier ses histoires, car elles font appel à la conviction partagée que les humains ont besoin de moralité dans leur vie quotidienne, [...] à leur pouvoir de transformation intellectuelle et spirituelle lorsqu'ils se trouvent face à l'inconnu, et à leurs propres limites matérielles. »

Dans ces passages, je trouvais exactement ce qui m'avait manqué lors des cours magistraux de la Sorbonne, quel que fût le talent du profes-

---

1. « L'essence religieuse de son œuvre ».

seur : la dimension morale. Après avoir avancé laborieusement pendant trois mois à travers le jargon de l'analyse littéraire, je jugeai extraordinaire la proposition des auteurs du CNED d'« explorer la richesse d'un écrit qui peut également procurer le plaisir de lire à un public non religieux ». Le *plaisir de lire* ! à l'agrégation, c'était un concept plus rare encore que la morale ! La triste vérité était que la plupart des conférenciers cherchaient seulement à impressionner leur auditoire, plutôt qu'à approfondir le plaisir de lire. Et on apprenait aux candidats à faire exactement la même chose : impressionner le jury par leur virtuosité, plutôt que de faire connaître la joie de la littérature. Le public visé était le professeur blasé, pas le lycéen.

Malade, au lit, en pyjama, je me pelotonnais sous les couvertures, avalais mon sirop, prenais le CNED et lisais jusqu'à ce que je rencontre une référence à une nouvelle. Alors, je roulais sur ma droite, attrapais les *Complete Stories* de Flannery O'Connor, les feuilletais jusqu'au texte cité, que je lisais du début à la fin. Ensuite, je me levais pour faire du thé. Lorsque je me remettais au lit avec le CNED, l'histoire avait imprégné mon cerveau, et j'étais ouverte à toute interprétation. « Il me semble, écrit Flannery O'Connor, que toutes les bonnes histoires ont pour sujet la conversion, les changements que vit un personnage… l'action de grâce qui le transforme… » Trempant l'oreiller de fièvre, je continuais à lire, dans l'espoir d'approfondir le plaisir.

Chapitre 2

Changement de programme

> *La Pologne est un beau pays, qui tord le cœur et fend l'âme, et qui ressemble à beaucoup de points de vue... au sud des États-Unis... il y a une sorte de sinistre ressemblance entre la Pologne et le sud des États-Unis qui, tout sauf superficielle, fait que les deux cultures se mélangent si parfaitement qu'elles semblent presque une dans leurs communes extravagances – et cela a un rapport avec la question de la race, qui dans ces deux mondes a produit des siècles durant les charmes cauchemardesques de la schizophrénie.*
>
> William Styron, *Sophie's Choice*.

25 février. La veille, je m'étais fait trente-deux nouveaux ennemis. Il était question de stratégies de narration dans *Le Choix de Sophie*. J'étais revenue au cours avec la ferme intention

de rester bouche cousue. Pourtant, tout à coup, je remarquai que le mince professeur barbu levait le menton vers ma main levée.

– Oui ?

– Quand la narration passe à Sophie dans le passage où elle réfléchit aux raisons de ne pas dire la vérité, commençai-je malgré moi, diriez-vous que c'est le narrateur Stingo qui essaie de se projeter dans l'esprit de Sophie, ou bien que c'est Styron lui-même ?

C'était un moment-clé dans ce livre dont le narrateur proclame au début vouloir raconter toute la vérité. Le professeur hocha la tête et chercha la page en question.

– Je dirais que c'est Styron, répondit le professeur. Oui, il est omniscient.

– Il entre dans la tête de Hoss aussi, n'est-ce pas ?

Hoss, c'était le directeur d'Auschwitz.

Le professeur lut les pages où Hoss exprimait les tendres sentiments qu'il éprouvait pour sa famille et l'inquiétude qu'il ressentait à l'idée que leur bonheur « pourrait ne pas durer », son amour pour les chevaux, et son embarras face aux exigences contradictoires du patron (maximiser la productivité des esclaves juifs et en même temps les éliminer). Nous étions sans aucun doute dans la tête de Hoss.

Quand il eut fini, il me regarda avec l'air de dire : « Heureuse ? »

Je pensai à la lumineuse Meryl Streep qui avait usé de tout son talent et toute son imagination pour incarner Sophie dans l'adaptation cinématographique du roman et demandai :

— Styron nous donne-t-il le point de vue d'un personnage juif dans ce texte ?

Le professeur plissa les yeux à travers ses lunettes rondes. Ce n'était pas un mauvais bougre. Beau gosse en tout cas. Soigné, portant des vêtements propres et repassés et une cravate dont on ne pouvait pas rire. Il enleva ses lunettes et les nettoya.

— Il y a des juifs qui parlent, et leurs conversations sont rapportées par le narrateur. Mais nous ne sommes jamais vraiment dans la tête d'un personnage juif.

La classe était comateuse. Je soupçonnais les étudiants de n'avoir pas écouté un mot de notre échange, si ce n'est, peut-être, pour repérer le moment où ils pourraient se remettre à prendre les notes. Malgré cela, comme un avocat faisant des effets de manche devant un jury, c'était à eux que je dédiais mes remarques.

— Pas de point de vue juif, répétai-je. Dans un roman sur la Shoah. Intéressant.

Une fois que le professeur eut compris que c'était là mon dernier mot, il rassembla ses notes de cours et dit :

— Nous allons maintenant parler de mort et de sexe.

À ces mots, les autres se réveillèrent, mais pour moi il était trop tard. J'avais perdu toute confiance dans la capacité des étudiants à analyser cette œuvre de fiction profondément malhonnête. Quelle était l'intrigue principale du *Choix de Sophie* ? Une belle femme, rescapée des camps nazis, est maltraitée par son amant américain, un juif violent et fou, qui finalement la convainc de se suicider avec lui. Quant au narrateur, c'est un chrétien du Sud qui se sent coupable de pouvoir écrire grâce à l'argent, hérité de la vente d'un des esclaves de son grand-père.

Je compris enfin que *Le Choix de Sophie* n'avait rien à voir avec la Shoah. À quoi Styron, de même que Flannery O'Connor, s'intéressaient-ils vraiment ? À l'héritage spirituel de l'esclavage dans le Sud américain. « Narration en cercles concentriques, avait dit le professeur, images réfléchies, miroirs. » Et au centre : le problème du couple victime-bourreau, représenté par le destin de la Pologne durant la Seconde Guerre mondiale, elle-même symbolisée par l'histoire tragique de Sophie. Dans ce contexte, la Shoah devenait un prétexte pour parler de l'héritage de l'esclavage en Amérique.

Qu'en pensaient les autres étudiants ? Comme ils ne s'exprimaient jamais en cours, je ne le savais pas. Quand j'avais commencé l'agrégation, j'avais jugé leur passivité curieuse. Pour *Le Choix de Sophie*, cependant, je trouvais ce refus de s'impliquer non seulement bizarre, mais offensant. Semaine après semaine, la classe entière restait silencieuse. Je me souvins des curieuses remarques qu'avait faites le professeur en distribuant les dissertations sur le Mal absolu qu'il avait corrigées.

— Un conseil, avait-il annoncé, plutôt mécontent. Ne polémiquez pas.

Je n'avais pas rendu le devoir tant le sujet m'avait rendue folle. Je savais donc qu'il ne parlait pas de moi. Je me retournai pour regarder les autres, mais les visages de pierre des étudiants étaient impénétrables.

— Tu connais la nouvelle ?

La voix de Karima était basse, comme celle d'un conspirateur. Il était tard dans la soirée. Il nous restait quelques semaines avant l'examen.

— À quel sujet ?

— Styron, Alice, Styron !

Elle chuchotait, tremblant d'excitation. Je l'imaginais assise sur une chaise trop grande, balançant les pieds comme une petite fille, sa raie parfaite divisant ses cheveux bleu-noir comme un éclair.

— Styron ? Non, je ne sais pas. Que se passe-t-il ?

— Ils l'ont retiré du programme ! Il a été remplacé pour l'année prochaine !

— Remplacé ? Je croyais qu'on gardait les œuvres pendant deux ans.

— Oui, oui ! C'est vrai pour tous les livres sauf pour *Sophie's Choice* ! dit-elle. Tu n'es pas au courant du scandale ?

Le livre m'était apparu comme une provocation dès la première page et, tellement absorbée dans mes propres réflexions, je n'avais pas imaginé que quelqu'un d'autre aurait pu être en colère.

— Quel scandale ? demandai-je. À propos de l'idéologie du livre ?

— L'idéologie ?

Karima avait l'air étonné.

— Non, à propos de la nécessité d'étudier la Shoah. Et de lire les témoignages de toutes les victimes.

— C'est ça, le scandale ? On a *trop* parlé de la Shoah ?

– Constate par toi-même, le débat est sur Internet. Bien sûr, quelques professeurs ont aussi affirmé que ce n'était pas vraiment de la littérature. Certains d'entre eux ont même envoyé une pétition demandant le retrait du livre au ministre. Mais quelle que soit la raison, plus de *Choix de Sophie*.

Soudain j'eus un doute.

– Par quoi l'ont-ils remplacé ?

– *The Diary of Miss Jane Pitman.*

– Non ! criai-je.

The Diary of Miss Jane Pitman raconte la vie d'une femme noire, née esclave dans le sud des États-Unis.

Chapitre 3

J'essaie d'appliquer
la méthode scientifique

*En 2002, les résultats des élèves français (dans l'éva-
luation de leurs compétences en anglais) sont signifi-
cativement plus bas que dans six autres pays, ainsi que
l'indique ce tableau :*

	Oral Compre-hension	Linguistic Compe-tence	Reading Compre-hension	Written Production
Denmark	64.77	53.95	78.32	46.17
Finland	59.65	67.59	80.29	47.70
FRANCE	30.60	48.01	56.84	14.55
Netherlands	61.63	65.00	77.47	46.04
Norway	73.26	66.36	82.03	56.30
Spain	38.33	58.75	63.57	23.41
Sweden	72.18	64.23	85.88	55.39

*The Assessment of Pupils' Skills in English in Eight
European Countries 2002 : A European Project.*

Le rôle des parents dans l'école publique
française est difficile à cerner. Je sais qu'aux

États-Unis les parents sont habitués à offrir leur aide aux maîtres; ces derniers les y incitent et leur en sont reconnaissants. L'année précédente, par exemple, durant un séjour en Arizona, j'étais partie en randonnée avec une vieille copine dont les enfants ont le même âge que les miens. Tous les dix pas, elle disparaissait derrière un cactus *saguaro* et revenait triomphalement avec un morceau de quartz, une branche évidée d'*ocotillo* ou quelque autre trésor du désert, qu'elle fourrait dans un sac que je portais sur mon dos.

— Il m'en faut trente, annonça-t-elle, aide-moi. Je cherche des formes, des textures et des couleurs intéressantes!

— Pour quoi faire? demandai-je.

— Pour la classe d'art de Lea. J'ai promis à la maîtresse que je donnerais le cours la semaine prochaine.

Elle me tendit un morceau de mica.

— Il est joli. Qu'en penses-tu?

— Mais tu es un parent!

Elle me regarda comme si je venais d'un pays étranger.

— Et alors? demanda-t-elle.

Et les parents n'ont pas le droit d'entrer dans la salle de classe.

J'ai gardé cette dernière phrase pour moi parce que cela semblait trop ridicule sous le ciel immense de l'Arizona. Pourtant, c'était la leçon qui m'avait été inculquée à l'école publique de mes enfants. Quand les parents de notre petite ville avaient offert d'aider les maîtres de l'école primaire, dépassés par les cours d'informatique obligatoires, madame Durand, une des maîtresses préférées de ma fille, s'était exclamée :

– Mais nous ne pouvons pas laisser un parent seul avec les enfants. Et s'il était pédophile !

Au bout du compte, quelques parents particulièrement diplomates et déterminés arrivèrent à une sorte d'accord d'Oslo avec les enseignants pour aider les enfants. Premièrement, ils offrirent de donner des leçons particulières et gratuites d'informatique aux instituteurs ; puis « d'assister » les maîtres durant le cours et, finalement, après d'autres phases intermédiaires, autant d'étapes destinées à bâtir la confiance entre les différentes parties, de s'en charger entièrement. Nous – parents, enseignants, principal – considérâmes tout cela comme une révolution et fûmes très fiers de nous.

Pour compliquer un peu plus les relations entre parents et maîtres, il existe une règle qui stipule que les parents désirant s'adresser à l'administration doivent passer par leurs représentants. Dans notre ville, deux associations de

parents d'élèves connues se partageaient les voix
entre elles depuis des décennies. Toutes deux
étaient affiliées à des partis politiques. L'une
était considérée plus bourgeoise et légèrement
à droite, tandis que l'autre était plus proche du
Parti socialiste et des syndicats d'enseignants.
Durant la dernière grève des enseignants, les
représentants de ce dernier groupe avaient
même distribué des tracts en faveur de la grève
devant l'école.

Le potentat local de cette irritante organisation s'appelait Jean-Pierre. Grand et maigre,
arborant en toute occasion une cravate trop
courte, il m'avait presque frappée dans la rue
quelques années auparavant, quand, avec
quelques parents, nous avions créé une association concurrente qui, affirmait-il, avait volé
toutes ses voix ! Quoique moins violentes, nos
relations restaient encore tendues. Je fus donc
étonnée quand, plutôt que de me serrer la main,
il m'offrit sa joue.

— Tout va bien ? demandai-je.

— Très bien, très bien, dit-il. Écoute, je dois
te parler.

Nous étions environ vingt parents à attendre
que s'ouvrent les portes du collège. Il me prit le
bras et m'entraîna de côté.

— Sara est encore cette année chez madame Cazenave.

Sara, c'était sa fille de 12 ans. Et madame Cazenave, son professeur d'anglais. Il y avait d'excellents professeurs au collège, mais madame Cazenave n'en faisait pas partie. La réputation de son incompétence s'était étendue au-delà des limites de l'établissement, jusqu'aux directeurs des lycées où nos enfants espéraient continuer leur scolarité, causant la panique parmi les parents comme Jean-Pierre.

— Oh ! c'est trop bête ! dis-je.

— Peux-tu donner des cours d'anglais à Sara ? bredouilla-t-il avec embarras.

Un père qui s'était rapproché ajouta :

— Et à Guillaume aussi ? Et à Marie-Thérèse ?

D'autres parents alarmés s'approchaient.

— Pourquoi n'insistons-nous pas plutôt pour que madame Cazenave soit remplacée par quelqu'un de compétent ? demandai-je. Nous pourrions en discuter durant la réunion. Ce soir même.

— Tu sais bien que c'est impossible ! aboya Jean-Pierre.

Puis, soudain, il plaida à nouveau.

— Nous te paierons. S'il te plaît ?

211

Avant que je puisse répondre, les portes s'ouvrirent, et nous fûmes aspirés dans l'école avec la foule.

Quand je rentrai à la maison ce soir-là, mon mari et mes enfants étaient au lit. Je me préparai une infusion en me demandant ce qui se serait passé si quelqu'un avait appliqué la méthode cartésienne à l'Éducation nationale.

Je croyais me rappeler qu'un précédent ministre de l'Éducation avait essayé. Physicien de formation, Claude Allègre avait traité l'Éducation nationale de mammouth et, malgré toutes les idées raisonnables qu'il avait eues, il avait été promptement piétiné, aplati et jeté dehors, comme tous les autres ministres de l'Éducation avant lui. Le défi rappelait ceux des contes pour enfants.

Comment Descartes se serait-il occupé du mammouth ?

À la lecture du rapport officiel de 2002 qui affirmait que, en anglais, les étudiants français se classaient derniers en Europe, Descartes aurait pu commencer par douter que l'Éducation nationale eût pour but d'enseigner l'anglais. Il aurait même pu émettre l'hypothèse inverse : le but de l'institution était en fait d'empêcher les enfants d'apprendre à parler l'anglais. Cette attitude devrait, via le processus de réduction à l'absurde (*reductio ad absurdum*), nous amener à réfuter la proposition en montrant l'absurdité à laquelle elle conduit quand on la pousse à sa conclusion logique.

Par exemple, si le but était d'empêcher les Français d'apprendre l'anglais, alors l'Éducation nationale devrait s'assurer qu'aucun professeur ne soit compétent pour enseigner l'anglais aux élèves ; ou, si certains professeurs étaient compétents, qu'on les tienne éloignés des élèves ; ou, si on ne pouvait pas les maintenir loin des élèves, que d'autres facteurs interviennent pour rendre impossible la transmission de la langue ; ou, si la langue était transmise correctement, que les élèves soient punis pour cela.

Le plafonnier s'alluma, éclairant un froncement de sourcils.

— Il est plus de minuit, ronchonna mon mari, qu'est-ce que tu fais ?

— Je n'en sais fichtre rien.

— Bonne nuit, dit-il en éteignant la lumière.

— Bonne nuit, répondis-je.

Mon truc de *reductio* ne marchait pas. Qu'est-ce qui était si *absurdum* ?

Tout ce que j'avais vu de l'agrégation semblait satisfaire l'hypothèse de départ. Sinon, pourquoi le français était-il plus important que l'anglais dans le concours ? Pourquoi insistait-on pour que les candidats apprennent l'écossais ? Pourquoi s'assurait-on que la plupart des professeurs et des membres du jury de l'agrég' d'anglais ne soient pas des anglophones ? Pourquoi se polarisait-on sur des mots comme *pigs' trotters* ? Et pourquoi bannissait-on de l'agrégation les compétences suivantes : conversation en anglais courant ; compréhension des essais littéraires, politiques et économiques tels qu'ils sont publiés dans les pays anglophones ; capacité d'apprendre à des non-anglophones à communiquer en anglais ?

Qu'aurait fait Descartes ? S'il avait douté que le contenu de l'agrégation fût compatible avec la préparation et la sélection de bons professeurs d'anglais, aurait-il incité le mammouth à se réformer ? Ou aurait-il fait simplement remarquer que le concours commençait dans une semaine et que je ferais mieux d'arrêter de délirer ?

J'allai m'asseoir à mon bureau et bousculai une pile chancelante de manuels. Celui de phonologie anglaise tomba ouvert sur le sol avec un bruit sec, me faisant sursauter. Je le pris et le retournai comme une carte de tarot. Le texte français de la page 41 me sauta aux yeux : « Vous devez mentionner la forme d'anglais que vous avez choisi [britannique ou américain] mais vous n'avez pas le droit d'utiliser des dialectes régionaux, qu'ils soient réels ou imaginaires. Si vous hésitez entre l'anglais et l'américain, sachez que les deux dictionnaires ont été écrits pour transcrire l'anglais britannique et que la prononciation américaine n'a été rajoutée que par la suite. »

C'était un signe. Mais j'étais trop fatiguée pour en comprendre la signification. Commettant ainsi ma plus grande erreur, je me mis au lit et laissai le sujet se dissoudre dans le sommeil.

Chapitre 4

Jour J

*Ils affluaient à bord par la passerelle, ils affluaient
pressés par la foi et l'espoir du paradis, ils affluaient
dans le grondement continu des pieds nus et traînants,
sans un mot, un murmure ou un regard en arrière, et
quand ils atteignirent les bastingages de tous les côtés
du pont, ils s'engouffrèrent par l'avant et par l'arrière,
se coulèrent dans les écoutilles béantes, remplirent les
recoins intérieurs du navire [...].
«Regarde-moi ce bétail », dit le commandant
allemand à son nouveau second.*

Joseph Conrad, *Lord Jim.*

Mardi 5 avril 2005. Je me joignis à la foule
marchant du métro Laplace à la Maison des
examens. Près du portail, un vendeur ambulant
de café, barres chocolatées et boissons fraîches

faisait des affaires juteuses. Je vérifiai la convocation pour voir dans lequel des quatre bâtiments de six étages je devais me diriger. C'était le B. Devant chacune des entrées, des étudiants attendaient, fumant, bavardant ou révisant, le cou rentré dans les épaules pour se protéger du crachin. Les candidats arboraient des sacs à dos contenant sandwichs, boissons et sucreries, ainsi que des notes pour les révisions de dernière minute. Je reconnus deux *forts* qui fumaient à côté de la grille et leur fis un signe. Ils me le rendirent. Aujourd'hui, c'était le jour J. Nous étions tous dans la même galère.

Les portes d'entrée du bâtiment B s'ouvrirent. Nous nous y engouffrâmes, nos convocations saumon à la main. Je n'avais pas encore vu William ni Rebecca. Mais 1 626 candidats étaient enregistrés, ils pouvaient donc se trouver dans un autre bâtiment ou à un autre étage. Les candidats disparaissaient au fur et à mesure de notre ascension. En haut des marches, les surveillants nous attendaient. Leur première tâche consistait à établir l'identité de chaque candidat, sachant qu'une des tactiques de fraude les plus au point en Chine impériale était de payer un lettré pour passer l'examen à sa place. Je tendis ma carte d'étudiant et ma convocation : « DISSERTATION EN FRANCAIS, mardi 5 avril 2005, Durée 07 h 00. »

Une étiquette portant un nom était collée sur le coin supérieur droit de chaque bureau. Je trouvai le mien et m'y installai. Ses pieds étaient bancals et il se mit à cogner le sol de façon irritante dès que je me mis à remplir les informations obligatoires – nom, académie... sur le formulaire d'examen. Le candidat devant moi se retourna et me lança un regard chargé d'une telle haine que j'alertai immédiatement un surveillant. Une femme portant sur le revers de son tailleur une broche sertie de pierres brillantes vérifia la stabilité de ma table et, la jugeant insatisfaisante, décolla mon étiquette et la plaça sur un autre bureau, stable, au fond de la salle.

L'obligation d'écrire lisiblement a toujours été pour moi une source de désespoir, et ce depuis le cours préparatoire, quand ma maîtresse, Mrs Anger, m'avait mise au piquet devant toute la classe pour outrage à la netteté et à la précision. Outre la difficulté de construire une authentique dissertation dans un français élégant, j'avais donc des problèmes majeurs pour l'écrire. Cela faisait six mois que je m'exerçais à écrire à la main (j'avais commencé cette chronique comme un exercice pour me fortifier les doigts), mais je connaissais mes limites. Je levai la main et la même surveillante apparut.

— Tout va bien avec le bureau ? demanda-t-elle plaisamment.

— Oui, merci. Ai-je le droit de n'écrire que sur une face de la feuille ? Cela rendrait la lecture plus facile.

Je savais bien que, si j'écrivais recto verso, on aurait l'impression que j'avais renversé un encrier sur la page.

— Tant que vous numérotez les pages correctement, répondit-elle à mon immense soulagement, vous pouvez écrire sur une face seulement si bon vous semble.

— Merci.

Il y eut un mouvement à l'autre bout de la pièce. L'examen allait commencer. Une fois de plus, je vérifiai l'état de mes stylos et de mon liquide correcteur, sortis mes lunettes de leur étui et pris une bouteille d'eau du sac posé à côté de mon bureau. Il contenait aussi un Mars, un sandwich jambon-tomates-laitue-emmenthal, une pomme, deux serviettes en papier et un Coca light. Je me mis à trembler et je sentis un creux au niveau de l'estomac.

— Vous pouvez commencer.

L'air s'emplit du bruissement de deux cents copies d'examen ouvertes simultanément. Durant les six heures qui suivirent, je ne m'intéressai à rien d'autre.

Quand je me rendis compte que j'avais terminé, je levai la tête. Chacun était encore penché sur sa copie. Un surveillant, un homme cette fois-ci, me remarqua et vint vers moi.

– J'ai fini. Que dois-je faire ?

Il m'aida à coller une étiquette sur la première page et pointa du doigt le large bureau à l'extrémité de la salle, où deux de ses collègues étaient assis. Je saisis mon devoir, traversai les rangs de candidats concentrés et me présentai devant le grand bureau.

– Voilà mon examen, chuchotai-je.

Une surveillante ressemblant à une infirmière compta mes pages, vérifia que je les avais bien numérotées et me les rendit.

– Dans le plateau, dit-elle.

Il y avait déjà une copie. J'étais la deuxième. Soudain, je fus prise d'un terrible doute. Pourquoi avais-je fini avant les autres ? Qu'avais-je oublié ? Mais mon devoir était rendu et il était trop tard.

Je rassemblai mes affaires aussi silencieusement que possible et sortis sur la pointe des pieds.

Cette nuit-là, je dormis bien, pour la première fois depuis une éternité. Adieu la dissertation française ! Bonjour le commentaire anglais !

À peine la première épreuve passée, le nombre de sujets possibles se réduisait. Un sujet de civilisation en dissertation (*Henry VIII* ou H. L. Mencken) signifiait un commentaire anglais sur un texte littéraire (*Richard II*, *Lord Jim*, *The Good Soldier*...). De plus, contrairement à la dissertation, qui requérait beaucoup de mémoire et de bonnes connaissances en rhétorique, le commentaire, qui consistait à analyser une page d'un des textes au programme, me semblait plus facile. Le lendemain, optimiste, je mis dans un sac un Coca light, un sandwich et deux barres chocolatées que je chapardai dans la réserve de mes filles.

Le ciel était toujours nuageux, mais un rayon de soleil perçait le crachin de temps à autre. Pourquoi, lorsqu'un endroit devient familier, et même s'il a aussi peu de charme que la Maison des examens, les épreuves deviennent-elles moins pénibles ? En faisant pour m'y rendre le même chemin que la veille, je pensai que j'allais survivre à tout cela !

En bas des escaliers de l'aile B, Rebecca se tenait penchée sur une liasse de feuillets ; elle était si concentrée qu'elle ne m'entendit pas approcher.

– Anaphore, murmurait-elle, anastrophe, division, allitération, réversion, épiphore, antanaclase, aposiopèse...

– Salut Rebecca.

Elle sursauta, comme si j'avais fait éclater un ballon, mais se reprit immédiatement.

— Bonjour Alice, dit-elle de son ton sec. Que veut dire antanaclase ?

Je haussai les épaules.

— Tu ne sais pas ?

Je désignai du doigt un des *forts* qui fumait dans un coin de la cour.

— Demande-le-lui, lui répondis-je. À part pour Shakespeare, je ne compte pas employer de jargon. À mon avis, les termes techniques rendent la plupart des textes plus difficiles à comprendre.

— Et si on tombe sur Shakespeare ?

— Eh bien, ris-je, simulant une confiance que je n'éprouvais pas, alors je trouverais un moyen de glisser « épiphore », qui signifie « terminer des vers ou des phrases sur le même mot ou groupe de mots », ou « stichomythie », qui est, du moins je l'espère, un « dialogue où les interlocuteurs se répondent vers pour vers ».

Rebecca secoua la tête avec un léger « tss-tss ».

— Je vois que tu es occupée, dis-je, je te laisse réviser.

La page à commenter était tirée de *The Good Soldier*, un roman dont j'étais désormais sûre que la finalité avait toujours été d'être analysé par des universitaires. Je plongeai immédiatement dans une sorte de transe, que n'interrompait que le bruit des boissons gazeuses décapsulées par mes camarades. Plus à l'aise durant cette deuxième journée, je m'étirai et demandai même la permission d'aller aux W.-C., laquelle me fut accordée. Un surveillant occupait une chaise juste en face des toilettes pour, je suppose, s'assurer que personne ne trichait sous couvert de se soulager. Rien de tout cela ne me dérangea. Je m'aperçus que j'étais en fait contente de passer une journée à disséquer une page de ce livre que j'avais jugé si irritant au départ. Je me rendis compte que certains auteurs planifiaient chaque paragraphe, chaque phrase, chaque *mot*, de manière à ce qu'ils soient étudiés à la loupe, comme un bijou précieux. Si ce type de livre n'était pas idéal dans un avion ou sur la plage, en revanche, dans l'environnement adéquat – la salle où j'étais par exemple –, sa complexité se révélait captivante.

Une fois de plus, je finis avec une heure d'avance. Ma copie d'examen était la première dans le plateau. Cependant, je me sentis cette fois étrangement euphorique, comme si j'avais saisi le fonctionnement secret d'un mécanisme compliqué, créé à la fois pour nous déconcerter et pour nous combler.

Le troisième jour était celui des traductions, les fameux version et thème qui m'avaient causé tant de misères durant ces neuf mois passés à la Sorbonne. Apprenant que la note finale serait la moyenne mathématique des deux épreuves réunies, je pensai pouvoir améliorer mes chances en concentrant tous mes efforts sur le thème. Compte tenu de mon état de fatigue et de la perspective d'un nouvel examen de sept heures le lendemain, je décidai d'économiser mon énergie et de laisser tomber la traduction en français, qui, si je me fiais à mes précédentes expériences, convertirait un maximum d'efforts en un zéro pointé.

Cependant, quelques minutes avant la sonnerie, Rebecca me prit par le bras et m'entraîna dans un coin.

— Tu es folle ! siffla-t-elle. Tu vas être éliminée !

— Mais j'ai toujours zéro dans cette matière. J'ai besoin de conserver mes forces. Je suis fatiguée. Je dois encore réviser la phonétique pour demain. Et la grammaire ! Pourquoi perdre du temps sur la version quand je sais que cela ne m'apportera aucun point ?

— Tu dois écrire quelque chose. Si tu rends une copie blanche, tu seras éliminée d'office !

— Tu es sûre ?

— Absolument. Écoute, *darling*, qu'est-ce que tu as à perdre ? Écris quelque chose, n'importe quoi, mais ne rends pas une feuille blanche. Ne le fais pas !

Son regard était plus intense que jamais. J'eus l'impression de prononcer un vœu quand je répondis :

– OK, je vais écrire quelque chose.

– Bien.

La sonnerie signala le début de l'épreuve. J'écrivis comme une possédée. Le thème était assez facile en fait, mais je passai beaucoup de temps à essayer de deviner pour chaque phrase quelle formulation mes lecteurs préféreraient. La plupart des membres du jury n'étant pas de langue maternelle anglaise, je m'ordonnai : « Applique leurs règles ! »

Avant de m'orienter vers l'informatique, j'avais travaillé plusieurs années comme traductrice. La plupart du temps, je traduisais des documents financiers pour des banques et des courtiers. J'avais acquis l'habitude de faire vite et de ne pas trop me poser de questions, une technique qui se retournait contre moi dans les traductions littéraires. Mais, pour la version, ma consigne était : « Écris quelque chose ! » J'optais donc pour les premiers mots qui me venaient à l'esprit. Je traduisis aussi vite qu'écrire à la main me le permettait. Je finis l'exercice en trois heures, n'utilisant que la moitié du temps qui nous était imparti, même après avoir relu ma copie quatre fois.

Lorsque je la plaçai dans le plateau, le regard des surveillants me glaça le sang. Il était trop tôt ! Un bon travail ne pouvait être achevé en si peu de temps !

— Vous n'indiquez pas l'heure sur les copies, n'est-ce pas ? demandai-je, repensant au concours blanc.

La surveillante qui ressemblait à une infirmière me regarda avec désapprobation.

— Non, dit-elle, personne n'écrit sur les copies. C'est interdit.

— Bien, essayai-je de sourire. C'est juste que j'ai fini si tôt et…

— Chhhut, dit la dame en baissant la voix. Ne vous inquiétez pas. Vous aurez la note que vous méritez.

Quand j'étais payée au feuillet, ma rapidité ne m'avait jamais porté préjudice, ni n'avait dérangé mes clients. Soudain, je pressentis que j'avais brisé une loi tacite. La note que je méritais. Je n'avais absolument aucune idée de ce que cela pouvait vouloir dire.

Le dernier jour, j'attendis avec impatience que l'ordalie prenne fin. J'avais passé l'après-midi précédent à réviser la linguistique et je savais que j'allais au-devant d'un grand danger. C'était la seule matière que je n'avais pas préparée correctement. Il faisait trop chaud dans l'amphithéâtre, le professeur extatique était trop hermétique. Après quelques semaines d'intense inconfort physique et intellectuel, j'avais jeté la proverbiale éponge. Inconsciemment, je nourrissais l'espoir insensé que mes connaissances en grammaire anglaise me sauveraient. Mais je savais bien que je ne maîtrisais pas la terminologie compliquée de la linguistique. Pire, il me semblait avoir développé une allergie au jargon en général.

Une semaine avant l'examen, totalement désespérée, j'avais acheté au supermarché de mon quartier un mince livre jaune intitulé : *La grammaire anglaise rendue facile.* Comme le titre le promettait, la grammaire anglaise semblait limpide. Mais je savais que c'était un mirage. « Les livres de grammaire sont dangereux ! » Notre professeur de linguistique nous avait avertis. Face à une question de grammaire, je tendais à répondre en citant les règles qui, dans mon esprit, clarifiaient la situation. Je n'avais toujours pas appris à poser une « problématique » ni à explorer plusieurs hypothèses. J'étais pourtant déterminée à faire de mon mieux.

La transcription phonétique valait huit points sur les vingt points de la grammaire. Évidemment, je savais comment articuler les mots correctement, mais étais-je en mesure de les transcrire en code phonétique ? Je m'étais entraînée avec les exercices du CNED. L'un d'eux était basé sur un dialogue de *Annie Hall* : il s'agissait de donner une transcription phonétique du passage suivant : « *Jesus you pop up. You don't call me and then you suddenly appear. I mean... What happened to that woman you met ?* » Au début, j'avais trouvé amusant de reproduire le dialogue de Woody Allen en alphabet phonétique. Puis j'avais eu peur. Devais-je le faire en anglais standard ou tel que le juif geignard new-yorkais le prononçait réellement ?

ˈdʒiːzəs ju pɒp ˈʌp. ju ˈdəʊnt ˈkɔːl mi ən ðen ju ˈsʌdənli əˈpɪə. aɪ ˈmiːn... ˈwɒt ˈhæpənd tʊ ˌðæt ˈwʊmən ju met?

Au moins, je pourrais choisir l'américain, pensais-je. Cela devrait m'aider.

Ce matin-là, alors que je me hissais avec peine en haut des escaliers, je reconnus devant moi Floriane.

– Bonjour. Comment ça marche ?

– Oh, dit-elle, je suis contente que ça soit presque fini, je suis épuisée.

Elle mit ses mains sur ses hanches et se pencha en arrière. Son visage était pâle. Je savais qu'elle avait travaillé dur pour cet examen, au moins aussi dur que moi.

– Bonne chance, dis-je.

J'étais sincère. Contrairement à ce j'avais éprouvé le jour de la traduction, je sentais que j'évoluais dans un territoire peu familier, où chacun de mes pas pouvait se poser sur une mine. J'oubliai presque de répondre aux deux dernières questions. Je ne m'en aperçus que lorsque je me relus. Et malgré tout je rendis une fois de plus mon examen trop tôt. Je ne ressentis rien d'autre qu'un immense soulagement. Maintenant, après neuf mois de préparation, j'allais rentrer à la maison et faire… quoi ?

9 avril. Rebecca a appelé, très déprimée.

– Ils nous ont donné un thème facile pour favoriser les Français et une version difficile pour disqualifier les anglophones ! Ils l'ont fait exprès. Je le sais.

– C'est vrai que réécrire D. H. Lawrence en français…

– Tu sais que ce stupide examen de traduction compte double ? demanda-t-elle.

– Ouais.

– Tu le savais ?

– J'ai juste l'air ignorante ; je ne le suis pas réellement.

– Alors pourquoi n'es-tu pas contrariée ?

– Parce que j'ai toujours zéro en version.

Elle rit.

– Je suis si déprimée, gémit-elle. Oh mon Dieu.

– Moi aussi.

– Toi, *darling* ? Pourquoi ?

– Parce que je croyais avoir compris la dialectique, alors qu'en réalité je ne la comprends que maintenant – quatre jours trop tard. Dans mon commentaire du *Good Soldier*, j'ai dit que « le passage commence et se termine par un mensonge ». C'était exactement ce qu'un Américain aurait fait. J'aurais dû ajouter : « Mais est-ce réellement ainsi ? » et envisager l'hypothèse contraire. C'est ce qu'aurait fait une vraie Française. J'y pensais quand tu as appelé.

– C'est vrai ?

La voix de Rebecca exprimait une réelle surprise.

– Tu vois, peut-être que le narrateur ne mentait pas. Peut-être qu'en un sens il disait la vérité quand il affirmait être « parfaitement heureux » avant. Il ne l'était pas, bien sûr. Sa femme n'avait pas couché une seule fois avec lui en neuf ans et le trompait à gauche et à droite. Mais, jusque-là, il s'était arrangé pour l'ignorer. Donc, peut-être était-il simplement plus heureux avant de connaître la vérité. Peut-être que le plus funeste n'était pas l'infidélité de sa femme, mais le fait de la découvrir. L'essence du texte est l'inconnaissable essentiel de ce que nous connaissons. C'est un problème épistémologique. L'ignorance est-elle le bonheur ?

— Je ne m'en ferais pas pour cela.

Rebecca semblait impressionnée.

— En général, je ne m'en fais pas. Mais c'est l'agrég'.

Il y eut une pause tandis que, mécontentes, nous rassemblions nos pensées respectives.

— Et autre chose, ajouta-t-elle, la grammaire. J'ai assisté à cinquante heures de ces horribles cours. Ne ris pas ! C'était vraiment un homme sympathique, ce professeur, mais je n'ai jamais pu percer le sens de ce qu'il disait. Et tout ça pour rien ! Les questions à l'examen n'avaient aucun rapport avec ses conférences.

L'image de Rebecca luttant assidûment pour comprendre notre professeur de linguistique me semblait subitement drôle.

— Tu vas en classe la semaine prochaine ? demandai-je en m'étranglant.

— Pour quoi faire ?

— Les oraux.

— Je doute sincèrement que cela soit nécessaire, *darling*. Tu te rends compte que nous n'aurons les résultats de l'écrit que dans deux mois ? Mais, tu as raison, je devrais peut-être y aller, au cas où.

Après avoir raccroché, je m'allongeai sur le divan. Avais-je la moindre chance d'être ce qu'on appelle « admissible » – c'est-à-dire autorisée à passer les oraux ? Un rayon de soleil traversa la fenêtre et me fit cligner les yeux. Ce dont j'avais besoin, plus que tout, c'était de réussir. Pour impressionner mon mari et mes filles. Pour ne pas être une ratée.

Chapitre 5

Graines de la révolution d'Octobre

Tout fonctionnaire est soumis au secret professionnel et à l'obligation de discrétion professionnelle. Nul ne peut faire état de documents, des circonstances et des motivations de leurs réalisations...

B-2-10 Devoir de réserve (L 83-634 du 13 juillet 1983, article 26; Lettre FP n° 1430 du 5 octobre 1981; QE 4024 du 6 juin 1952).

9 juin. Les résultats de l'écrit devaient être publiés sur Internet. Je consultai le site. Une liste de noms apparut. Je descendis le long de la liste, cherchant le mien. Rien. Je retournai au menu et remarquai une fenêtre « rechercher ». J'y tapai mon patronyme, ma date de naissance et mon numéro d'inscription à l'agrégation, puis appuyai sur « entrer ». Mon nom s'inscrivit sur l'écran

avec mon score. Il fallait trente-cinq points pour être admissible, j'en avais trente et un. J'avais raté l'écrit de quatre points. L'écran disait « non admissible ».

Telle une accidentée de la route, je me tâtai pour m'assurer que j'étais toujours entière. En dépit de sa prévisibilité, cet échec représentait une nouvelle expérience. Je ne pus m'empêcher de sortir le dossier où je rangeais tous les documents importants pour tenter d'y trouver de vieux diplômes, un GMAT[1] rassurant ou un SAT[2] vieux de trente ans. Je me souvenais vaguement avoir toujours été parmi les premiers en anglais. Mais ces documents avaient disparu. Comment avais-je fait pour perdre la seule preuve qu'autrefois j'avais su l'anglais ?

Fouillant dans les dossiers moisis entreposés à la cave, je tombai sur un cadre encore dans son papier d'emballage ; je décidai de me réconforter en y plaçant une photo des enfants. J'arrachai le plastique, retirai le dos du cadre et mis la photo contre le verre. Les dimensions n'étaient pas bonnes. Désespérément déterminée à accomplir cette tâche dérisoire, je pris les ciseaux et coupai

---

1. GMAT : Graduate Management Admissions Test : examen d'entrée au Master de management (MBA)

2. SAT : Scholastic Assessment Test : examen que passent les étudiants voulant entrer à l'université aux États-Unis.

un morceau de la photo, tronquant quatre minces jambes d'enfants. Cela n'allait toujours pas. Le souffle court, je découpai les côtés. Mes mains tremblaient tandis que j'essayais à nouveau. Non. Je fus forcée d'admettre que cette photo n'était pas faite pour ce cadre.

Je remontai au salon et posai ce qu'il en restait contre les livres, sans cadre. J'aurais pu passer ma journée à la contempler comme une idiote si je n'avais pas prévu de déjeuner avec une amie. Dans le RER, un groupe d'activistes de la CGT-SNCF chantait et soufflait dans des sifflets en l'honneur d'une prochaine grève. Casquettes rouges sur la tête, ils étaient d'une gaieté bruyante et débordante. J'aurais aussi pu être fonctionnaire, pensai-je tristement.

Ma copine essaya de me remonter le moral.

– Tu l'as raté de peu, dit-elle.

Mais cela rendait les choses plus tragiques encore. J'aurais peut-être pu réussir si j'avais travaillé un peu plus dur.

De retour à la maison, j'appelai ma mère pour parler avec elle d'un prochain voyage, sans lui annoncer mon échec. Je ne voulais pas la décevoir. Mais, quand mon mari arriva avec Ève, je le dis :

– Je l'ai raté de quatre points.

– Tu veux un scotch ?

– Merci.

– Tu as échoué ? demanda Ève incrédule. Tu pleures ?

– Non !

– Ta mère a l'esprit de compétition, expliqua mon mari. Moi aussi.

J'avalai une gorgée de scotch.

– Je déteste perdre, dis-je, c'est vrai.

– Je sais, dit mon mari.

– Et alors, pourquoi en faire une histoire ? demanda Ève, cela veut juste dire que les autres sont meilleurs que toi.

Je la regardai avec horreur. Elle me fit une grimace qui voulait dire : « Ressaisis-toi. »

– Hé, s'exclama-t-elle soudain, quel tsar a été renversé par la révolution d'Octobre ?

Elle lisait la question sur l'emballage rouge vif d'un Apéricube au paprika.

– Pas maintenant Ève.

– Quel fut le dernier tsar avant la révolution d'Octobre ? insista-t-elle.

– Chérie, pourrais-tu nous laisser parler tranquillement, maintenant.

– Nicolas II !

Elle me lança un regard triomphant, prit une poignée d'Apéricubes et grimpa les escaliers.

— Tu ne sais vraiment rien, maman, jeta-t-elle en disparaissant.

Nous sirotâmes un moment nos scotchs en silence.

— J'aurais dû apprendre leur stupide linguistique, soupirai-je.

Mon mari dépiauta un Apéricube bleu et agita les sourcils en me regardant.

— Quelle est la question ?

— Dans quelle île de Guyane fut déporté Dreyfus ?

— L'île du Diable, je suis déjà tombée sur celle-là.

Soudain, sans aucune raison, je me sentis un peu mieux. En dehors de la linguistique (1,5 sur 20 !), j'avais réussi l'examen. La moyenne des notes en dissertation française, commentaire anglais, version et thème aurait suffi à me hisser au rang des admissibles. Et j'avais pris du plaisir à étudier les textes et les méthodes d'analyse dans la mesure où j'en avais été capable. J'avais découvert la trinité. Rencontré quelques personnes intéressantes. Tout ne se résumait pas à des efforts inutiles.

Je m'interrogeai sur le sort des autres anglophones. Après tout, je n'étais qu'un imposteur. Une informaticienne au chômage. Eux, contrairement à moi, étaient des professeurs d'anglais.

10 juin.
— Je n'ai jamais eu une aussi mauvaise note de ma vie ! dit Jim. 2,5 sur 20 ! J'étais sûr d'avoir rendu une meilleure dissertation que ça !

J'avais rencontré Jim le deuxième jour des examens. Comme Rebecca et les autres Britanniques, il avait enseigné pendant des années. Mais Jim, lui, était américain.

— Peut-être as-tu oublié des accents ?
— J'ai enseigné *Henry VIII* !

Il frappa sur la table, ma bière se renversa.

— Ce n'est pas drôle. J'ai 55 ans. J'enseigne depuis trente ans et je suis encore sous contrat d'un an !

— Tu as eu une très bonne note en linguistique, dis-je en épongeant la flaque avec une serviette en papier. Comment as-tu fait ?

— La grammaire m'intéresse. Et j'ai eu un excellent professeur…

— Quoi ?
— À Paris-III.

Je repensai à Karima. Pourquoi ne l'avais-je pas écoutée ?

— Et, continua-t-il en souriant pour la première fois, j'ai choisi l'option « britannique ».

— Mais tu es américain !

Nous avions dû indiquer quelle forme d'anglais nous allions utiliser. Sans réfléchir, j'avais choisi l'américaine.

– Oui. Mais tu sais bien que les jurés pensent qu'il ne peut y avoir qu'une seule prononciation correcte. Pour eux, les Américains qui tolèrent tous ces accents régionaux sont bien trop laxistes.

Il leva son menton pour se gratter la gorge.

– Je suis à peu près sûr qu'on ne peut qu'échouer si on choisit l'américain, conclut-il.

Cela me rappelait quelque chose, mais je ne savais plus quoi.

En dépit de tous mes messages, je n'avais aucune nouvelle de Rebecca. Pas un e-mail, pas un coup de téléphone, rien. Je commençais à être un peu inquiète. Et puis j'étais curieuse de connaître sa note en dissertation. Jusqu'à présent, parmi les anglophones, j'étais « ze best » avec un 4.

Elle finit par appeler deux semaines plus tard.

– Je n'ai pas pu avoir des notes si basses, c'est absolument impossible !

Rebecca parlait calmement, mais je sentais l'orage prêt à éclater. Ses notes à l'écrit n'étaient pas mauvaises, elles étaient catastrophiques. Sa voix était posée, beaucoup trop posée.

— Regarde ma note en commentaire. Comment est-ce possible, tu me demandes ? Écoute, c'est simple : ils ont compris que j'étais anglophone et ils ont changé les notes. Cela arrive tout le temps.

— Tu le crois vraiment ?

— Oh, *darling* ! J'ai enseigné à l'université pendant des années. C'est ainsi. La première fois, je ne l'oublierai jamais. J'avais rendu mes notes et l'administration m'avait appelée pour me dire qu'elles étaient trop hautes. Je ne fais jamais de cadeau, tu peux en être sûre. Ces gosses avaient travaillé très dur pour obtenir ces résultats. J'ai répondu : « Ce sont les notes qu'ils méritent pour le travail qu'ils ont rendu. » Eh bien, tu sais ce qu'ils m'ont dit ?

— Quoi ?

— « Changez-les ! »

— Non !

— Si, comme je te le dis. Bien sûr j'ai refusé. Mais ils ont insisté : « Nous comprenons que vous ne vouliez pas abaisser les meilleures notes si vous pensez que les étudiants ont travaillé pour les obtenir, enlevez juste quelques points à ceux qui ont 13, et personne ne s'en apercevra. » Est-ce que tu peux imaginer cela ! Ces pauvres gosses qui luttent pour y arriver ! Ils voulaient que je les écrase, juste comme ça !

— Mais pourquoi ?

— On ne peut pas avoir trop de bonnes notes. Je suis sûre que tu l'as remarqué.

— Et toi, comment auraient-ils pu t'identifier ?

— Ils ont dû soulever les petits rabats censés cacher les noms.

Non. C'était impossible. Je ne pouvais pas croire une seconde que, quelle que fût leur volonté d'éliminer les candidats anglophones, les membres du jury aient pris le risque de tricher de cette façon lors d'un concours national. Je n'étais pas naïve au point de croire qu'il n'y avait aucune irrégularité, j'en avais assez vu moi-même. Mais pas ici. Comment le vérifier ? me demandai-je. Je ne voyais qu'une solution : m'entretenir avec les membres du jury.

Au téléphone, Rebecca criait :

— J'ai enseigné la grammaire dans un lycée privé pendant des années ! Mes élèves avaient d'excellents résultats ! 1 sur 20 en linguistique ? C'est ridicule !

— J'aimerais bien voir les copies, dis-je.

— Ils ne t'y autoriseront jamais, répondit Rebecca.

— Je vais leur écrire pour leur demander ma copie.

— Tu vas vraiment faire ça ?

— Pourquoi pas ?

J'ai cru entendre renifler dans le combiné.
Mais ma ligne faisait parfois des bruits étranges.

Voici les scores tels que je les avais découverts :
(Impossible de connaître les notes de version et
de thème séparément. On affichait la moyenne
des deux épreuves.)

	Dissertation 20 pts (en français)	Commentaire 20 pts (en anglais)	Linguistique (6 pts anglais; 14 pts français)	Version/Thème COEF #2 (10 pts français 10 pts anglais)
Moyenne des candidats ayant réussi	8.77	8.90	9.14	9.27
Moyenne des candidats sans zéro éliminatoire	5.29	5.45	5.77	6.89
moi	4	10	1.5	8
Jim	2.5	9	10	5
Rebecca	2	4	1	9

Ce soir-là, j'écrivis une lettre à l'Éducation
nationale. Il était minuit passé quand je collai
le timbre, sortis de la maison et marchai jusqu'à

la boîte aux lettres du coin de la rue. Il n'y avait aucune voiture. La boîte aux lettres jaune brillait sous le réverbère. J'ouvris le couvercle en métal et glissai ma lettre par l'ouverture. La ville était tellement silencieuse que je pus entendre l'enveloppe tomber sur les autres lettres entassées au fond.

Rebecca avait-elle raison à propos des notes ? Avaient-elles été modifiées ? Qui pouvait le savoir ? Le lendemain, je rencontrai une amie professeur qui avait été juré dans d'autres disciplines et je lui posai la question. Elle se mit en colère :

— Jamais ! dit-elle. Les jurés sont sérieux, jamais ils ne regarderaient les noms ou les dates de naissance avant de donner une note. C'est impossible !

J'étais rouge de confusion. Je commençais à formuler mentalement des excuses, quand elle ajouta :

— Cependant, si un juré reconnaît l'écriture d'un candidat, bien sûr c'est une autre histoire.

Je me redressai trop vite, elle ajouta :

— Non, vraiment, la notation des examens écrits est très professionnelle — rien à voir avec les oraux ! As-tu la moindre idée de la façon dont se passent les oraux ? C'est un travail physique très dur. À la fin de la première semaine, on ressemble encore à peu près à un être humain. Ensuite, on n'est plus qu'un animal réagissant à l'instinct.

Elle baissa la voix et se pencha en avant :

— Tu peux tout savoir d'une personne à la façon dont elle ouvre la porte.

Je ris, pensant qu'elle plaisantait, mais elle secoua la tête :

— En cinq secondes, ajouta-t-elle, tout est terminé.

Puis elle se mit à rire :

— Si un juré en veut vraiment à quelqu'un, tu sais ce qu'il fait ? me demanda-t-elle.

— Un zéro éliminatoire ?

— Pas du tout ! On ne peut pas attribuer des zéros comme ça. Il faut les justifier. C'est très lourd. Non, il lui donne « un » point. Ça bloque le candidat et personne ne pose de questions.

J'étais perplexe. Y avait-il ou non discrimination ? Je voulais interroger davantage de gens. Peu après avoir envoyé ma lettre, un soir que j'étais assise avec mon mari et les filles autour d'un brie de Meaux, je ressentis soudain le besoin urgent de savoir. Mon mari venait de se lever pour ouvrir une autre bouteille de bordeaux. Il me tournait le dos.

— Je veux rencontrer des membres du jury, dis-je, en connais-tu ?

Bien qu'il m'eût soutenu le jour où j'avais reçu mes résultats, mon mari était maintenant déterminé à me voir réintégrer la masse des gens qui gagnaient leur vie.

— Ils ne peuvent pas te parler, dit-il, extrayant le bouchon.

Je tendis mon verre.

Même pas de façon officieuse ?

— Non, insista-t-il en versant le vin, ils ne le peuvent pas.

Je posai mon verre.

— Et pourquoi pas ?

— Devoir de réserve.

— Ils sont liés par une clause de loyauté ? m'exclamai-je. Qu'est-ce que c'est ? La sécurité nationale ? Les enseignants et les membres du jury ne peuvent pas communiquer d'informations sur ce qu'ils font ? Tu plaisantes !

— Calmos, interrompit Ève, pas de cris à table.

— Est-ce que je peux prendre un dessert ? demanda Linda.

— Oui, répondis-je en montrant la porte, dehors.

Lorsque les enfants se furent éloignées avec leurs glaces, je baissai la voix :

— Qu'est-ce qui leur arrive, s'ils parlent ?

Mon mari sourit et fit passer lentement son index le long de son cou comme un mafioso de Hollywood.

– Tu veux encore du vin ?

Chapitre 6

Je reçois une copie étrange de mon examen

Le jury est souverain. S'il ne fournit aucune explication, cela ne peut pas être contesté.

Document interne, CNRS, 2005.

— J'adorerais rester à bavarder avec toi, *darling*, mais je dois me rendre à Toulouse.

— Quoi ?

Je posai sur la table mon thé trop infusé. Je pensais avoir mal entendu à cause du vacarme dans le café.

— Pour les oraux du CAPES. Ils ont lieu à Toulouse.

— Tu as eu l'écrit du CAPES ! Félicitations ! Je ne savais même pas que tu l'avais passé !

Le CAPES est le petit frère de l'agrég'. Moins prestigieux, il offre des postes moins bien payés, mais fait néanmoins partie des sésames pour un travail à vie dans l'Éducation nationale.

— C'est merveilleux, vraiment génial !

— Stop ! ordonna Rebecca.

Elle recouvrit ma tasse de thé de sa paume et se pencha en avant.

— Les Américains croient que les gens les détestent à cause de leur pouvoir. En réalité, c'est leur enthousiasme qui est insupportable.

Rebecca secoua la tête, un air de regret sur le visage.

— Est-ce que tu t'imagines à quel point il est ridicule que j'aie le CAPES ? As-tu la moindre idée de la différence entre mon niveau d'anglais et celui des autres capéciens ? Bien sûr que tu le sais. Tu n'as même pas passé le CAPES ! Pour Alice, l'agrég' ou rien !

— Je...

Elle laissa tomber sa tête parfaitement coiffée sur la table dans un bruit mat.

— Le rêve d'une vie, murmura-t-elle. Devenir fonctionnaire. Pour enseigner à des enfants de 12 ans qui peuvent à peine mettre deux mots l'un à la suite de l'autre.

Elle leva la tête et me regarda avec une intensité effrayante.

— J'aime Shakespeare ! dit-elle. Shakespeare ! Pas « quel est votre animal préféré ? ». Merde !

J'étais fascinée. Apparemment, Rebecca était plus en colère d'avoir eu le CAPES que d'avoir échoué à l'agrég'.

— Vas-tu enseigner dans le même lycée ?

En fait, je connaissais la réponse à ma question. Une fois intégré à l'Éducation nationale, qui gérait ses ressources humaines avec une fantaisie peu commune, un enseignant pouvait être envoyé très loin de chez lui, pour donner des cours d'un niveau sans rapport avec sa compétence ou ses goûts. C'était comme s'engager dans l'armée en tant que troufion. Les soldats ne choisissent pas leurs champs de bataille.

— Non, *darling*. En tout cas pas pendant les premières années. Ils vont m'envoyer dans des ghettos. En fait, c'est mon lycée qui m'a demandé de passer les concours. Les établissements scolaires sont contraints de se débarrasser des professeurs non certifiés. Cer-ti-fi-é, insista-t-elle, en exagérant son accent anglais, ils veulent des professeurs qui ont le CAPES. Mais, pour être certifié, il ne suffit pas d'avoir eu le concours. Il faut aussi faire un stage dans un collège pendant un an. Et, conclut-elle en baissant sa voix, j'ai entendu des histoires...

Je versai du lait dans mon thé et scrutai les volutes qu'il y dessinait. Je n'aime pas vraiment le thé. Peut-être étais-je offensée.

— Alors, quand sont les oraux ? demandai-je pour changer de sujet.

— La semaine prochaine.

— Et pourquoi à Toulouse ?

Elle fronça les sourcils.

— Ça fait partie de la « décentralisation », les candidats de toute la France doivent se rendre à Toulouse pour trois jours, plutôt qu'à Paris.

— Comment vas-tu faire avec tes fils ?

Rebecca vivait seule avec ses garçons. Pour elle, trouver ne serait-ce que le temps de prendre le thé relevait de l'exploit. Elle soupira.

— Mon ex-belle-mère, expliqua-t-elle. Maintenant je lui suis redevable. J'ai intérêt à réussir.

Je pris une gorgée de mon thé et frémis.

— Cela doit coûter cher, de se rendre à Toulouse, non ?

— Train plus hôtel. On n'est remboursé que si on réussit. Mais bien sûr la plupart des candidats échouent.

— Comment le choix s'est-il porté sur Toulouse ?

— Oh, je n'en sais rien, répondit Rebecca en posant sa tasse d'un geste nerveux, l'office du tourisme a fait du lobbying, je suppose !

L'anglais n'était qu'une des trente-sept matières du CAPES et de l'agrégation. Chacune d'entre elles avait-elle sa ville attitrée ? Lille pour les maths et Marseille pour le sport ? Mais en quoi consistaient les oraux de sport ? Ou plutôt les écrits ? Les villes se disputaient-elles l'honneur de recevoir les concours ? Dans la Chine impériale, les jeunes hommes brillants se rendaient à pied de leur village jusqu'à la cité impériale pour passer leurs examens. Ils dormaient dans des hôtels miteux ou dans la rue. Ceux qui réussissaient entraient au service de l'empereur. Les autres rentraient chez eux et devenaient maîtres d'école. Dans le pire des cas, c'était une aventure. Non : dans le pire des cas, leurs familles étaient endettées pour des années.

– Et ton boulot ?

– C'est l'été, dit Rebecca avec philosophie. Je suis prof. Vacances.

Comme je n'avais pas eu l'écrit, je ne pouvais pas participer aux oraux. Mais je voulais voir comment ils se déroulaient. Heureusement pour moi, ceux de l'agrégation d'anglais eurent lieu à Paris, dans le 9e arrondissement, dans un lieu fonctionnel et sans charme, du côté de la gare Saint-Lazare. Tout le monde a le droit d'assister aux examens à condition que le candidat soit d'accord. Tandis que j'observais les jeunes gens silencieux, assis sur les bancs de la cour, vêtus avec soin (beaucoup de noir et de blanc), je fus frappée une fois de plus par l'organisation de cet événement.

Le lycée qui recevait les candidats devait être évacué ; les salles de classe (douze), attribuées ; les membres du jury, répartis entre les salles en question ; les tests, programmés, et des gens engagés pour réceptionner et orienter les candidats. Ces derniers étaient venus de toute la France pour que soient évaluées leurs capacités à l'oral. Chacun d'entre eux devait passer cinq épreuves : la leçon (en français) ; l'explication de texte (en anglais) ; la restitution (en français) et la traduction (en anglais) ; ainsi qu'une gymnastique intellectuelle appelée le « hors-programme », qui défiait les candidats à lier brillamment trois documents hétérogènes.

Fonctionnant à plein régime, le centre d'examen de l'agrégation faisait passer 48 examens par jour entre le 22 juin et le 15 juillet. On connaissait d'avance le nombre de réussites, 145, correspondant aux postes à pourvoir. Deux tiers des candidats ayant franchi le cap de l'écrit allaient rater les oraux. Leur année, comme la mienne, allait se terminer en déconfiture.

Je remarquai une petite jeune femme en jupe et veste assorties. Ses grands yeux étaient maquillés avec soin, juste assez pour mettre en valeur leur profondeur. Elle respirait la confiance. Dans n'importe quel autre endroit, je l'aurais prise pour une étudiante en business. Elle tenait un formulaire comme celui que je venais de remplir, une demande pour assister à un examen.

— Bonjour, dis-je, est-ce que vous avez déjà assisté à une épreuve ?

Elle sourit, complètement relax. Il y avait un certain avantage à ne *pas* passer les oraux.

— Je viens de voir une brillante leçon de littérature. La candidate était si convaincante, si libre, elle parlait si bien que je lui ai demandé d'où elle venait. L'École normale supérieure, bien sûr. Comme elle parlait bien le français !

— Elle était française ?

La fille me regarda.

— Oui, bien sûr. Mais quel français superbe. Elle maniait la langue parfaitement, saupoudrait son discours de latin. Une oratrice hors pair. C'était merveilleux de l'écouter.

— Quelle note lui auriez-vous donnée ?

La fille rit.

— Oh, je ne connais pas le système de notes. Mais il était clair que le jury l'appréciait. Au moment des questions, ils ont juste fait mine de lui en poser ; pour la forme, pour combler les dix minutes allouées.

— Les étudiants de l'École normale ont généralement de très bons résultats, commentai-je.

Sur 27 normaliens, 24 avaient réussi leur agrégation l'année précédente, un taux de succès remarquable. Les soupçons de Rebecca me traversèrent l'esprit.

— Croyez-vous que le jury la connaissait ? demandai-je.

La fille secoua la tête en signe de dénégation. Quatre nouveaux candidats étaient entrés dans le bâtiment. La réceptionniste, une jeune femme mince avec un clou de métal lui sortant du menton (qu'était-il arrivé aux réceptionnistes ?), leur demanda s'ils acceptaient la présence d'auditeurs. Deux d'entre eux se recroquevillèrent de peur, le troisième resta silencieux, mais la quatrième accepta. La réceptionniste nous invita alors à monter les marches avec elle. Sur le premier palier, deux jeunes gens officiaient derrière un bureau d'école. Nous les dépassâmes et grimpâmes au deuxième étage, où deux autres personnes nous attendaient.

— Regarde ! chuchota la jeune auditrice en indiquant l'étage inférieur.

Au-dessous de nous, une dame escortait quatre candidats de l'aire de préparation vers une salle du premier étage.

– Le hors-programme. Ils se sont préparés dans une salle close pendant cinq heures. Maintenant ils ont quelques minutes pour faire la preuve de leur talent.

Je voulus lui poser une autre question à propos de la leçon à laquelle elle avait assisté, mais nous avions déjà atteint les salles de classe. À chaque porte, notre guide vérifiait un papier, annonçait un numéro, et laissait un candidat derrière elle. Notre candidate fut bientôt la seule restante. Elle ouvrit la porte sur une pièce meublée de chaises jaunes. Un jury de trois personnes, l'air aimable, nous pria d'entrer.

– Ce sont les auditeurs, expliqua notre guide avec un mouvement de tête dans notre direction.

Un homme grand, à l'étonnante touffe de cheveux argent, demanda à la candidate si la présence des auditeurs ne la dérangeait réellement pas.

– C'est à vous de choisir, poursuivit-il, indiquant ainsi qu'il était le chef.

Quand l'étudiante confirma son accord, l'homme nous invita à nous asseoir sur des chaises derrière elle, afin qu'elle ne soit pas distraite par notre présence. J'étais là, bien sûr, pour observer les membres du jury. Qui étaient-ils ? Que cherchaient-ils ? Que pensaient-ils de l'agrégation ? Comment pourrais-je arriver à leur parler ?

L'homme aux cheveux blancs était entouré de deux femmes bien plus jeunes que lui. Je ne les entendis parler qu'au moment de la séquence de questions, à la fin de l'explication en anglais sur un extrait des *Confessions of an English Opium Eater*. J'avais déjà remarqué qu'à l'agrégation on utilisait l'anglais pour les tâches concrètes, comme commenter un texte court, tandis que le français était requis pour des réflexions plus abstraites, intellectuelles, sur un thème demandant style et grâce, comme la dissertation écrite et la leçon orale.

La candidate et les trois jurés parlaient assez bien l'anglais, mais leur accent demeurait français sans aucun doute possible – en particulier les accents toniques, qu'ils ne plaçaient pas toujours au bon endroit. Je continuais de regarder droit devant moi sans changer d'expression, mais intérieurement je me demandais si ces jurés pouvaient entendre leurs propres erreurs de prononciation. Que pensaient-ils de la candidate qui parlait exactement comme eux ? Et que penseraient-ils de moi, de ma façon de parler l'anglais ?

À la fin de l'épreuve, je compris qu'assister à la partie de l'examen qui se déroulait en anglais était une perte de temps, puisqu'il était impossible de savoir si les juges étaient en mesure de distinguer un anglais exceptionnellement bon d'un anglais à peine correct. La leçon devait, sans doute, faire la différence. Cette épreuve devait révéler qui avait vraiment l'étoffe d'un agrégé. Qui avait la facilité verbale, la maîtrise de la langue (française), la confiance, le panache – pour représenter la France ? Car c'était bien de cela qu'il s'agissait. De la tradition. De l'art fabuleux et vieux de plusieurs siècles d'être parfaitement français.

Le lendemain, par une de ces miraculeuses journées ensoleillées, l'air était propre, les trottoirs remplis de promeneurs joyeux. Je montais la colline vers notre bibliothèque municipale quand je rencontrai Isabella, la belle Italienne dont l'enthousiasme m'avait, un an plus tôt, précipitée dans l'aventure de l'agrégation.

– Isabella, comment vas-tu ?

Elle me regarda distraitement, repoussant une mèche de cheveux épais et noirs.

– Oh ! Bonjour.

– Alors, comment s'est passée l'agrég' ?

Un rire amer s'échappa de ses lèvres pleines et ourlées.

– Deuxième, dit-elle, je suis arrivée deuxième.

— Et ce n'est pas bien ? demandai-je.

— Un poste, répondit-elle. Nous ne concourions que pour un seul poste.

Son français était presque parfait, beaucoup plus naturel à l'oreille que le mien, avec juste une touche de ce poétique accent italien qui roule les « r ».

— Qui est arrivé premier ?

— Une Française, bien sûr. Le CAPES, ils nous laissent l'avoir. Mais l'agrégation. Ah !

Nous marchions côte à côte maintenant, peinant un peu pour grimper et parler en même temps.

— Comment était le test ? Les sujets ?

Elle s'arrêta brutalement et, à ma grande surprise, se mit à rire. Pas un rire de colère, mais un accès d'hilarité, un rire de gorge à la Sofia Loren.

— La poésie de Michel-Ange, s'exclama-t-elle, ils nous ont fait analyser la poésie de Michel-Ange.

— Le sculpteur ? demandai-je incrédule. Celui qui a sculpté le *David* ? Tu as dû étudier la poésie d'un sculpteur ?

Je m'esclaffai moi aussi.

— Mais vous avez Dante ! Et, et... euh... d'autres gens !

— Oui, dit-elle, plus sérieuse. Nous avons beaucoup de grands, de magnifiques écrivains italiens que nous aurions pu étudier. Mais je crois qu'ils voulaient quelque chose d'obscur.

Nous étions arrivées à la bibliothèque.

– À l'agrég' d'anglais, nous avons étudié le poète écossais Robert Burns.

– Ah ? Est-ce qu'il peint ou il sculpte ?

– Ni l'un ni l'autre. Mais il écrit en écossais.

Nous vidâmes nos sacs au comptoir des retours. Isabella se tourna vers moi.

– Mais tu ne m'as pas dit comment ça s'est passé pour toi.

Je posai le sac et tournai mon pouce vers le bas.

– Je l'ai ratée de quatre points, avouai-je. De bons textes, pourtant.

– Tu vas la retenter ?

– Certainement pas. Toi ?

Elle regarda les enfants qui jouaient sur des ordinateurs connectés à Internet.

– Peut-être, dit-elle distraitement. Qui ne tente rien n'a rien, n'est-ce pas ?

3 septembre. Une grande enveloppe me parvint de l'Éducation nationale. Je l'ouvris, découvrant avec plaisir les copies des examens que j'avais demandées deux mois et demi auparavant. Aucune lettre, aucun mot ne les accompagnait. Je n'avais que le produit manuscrit de mon cerveau

enfiévré. C'était comme rencontrer quelqu'un qu'on ne s'attendait pas du tout à revoir. En haut de la première page de chaque examen, à l'encre noire épaisse, il y avait une note. Je tournai les pages, assez satisfaite. Mais, quand j'atteignis la deuxième page de l'épreuve de linguistique, je m'étranglai. Ce n'était pas mon écriture !

Après les avoir scrutés à son tour, mon mari m'embrassa et me rendit les papiers, les yeux brillants.

— Ce n'est pas ton examen, convint-il.

La première page, qui contenait mes réponses aux questions 1, 2 et 3, était bien la mienne. Mais le reste des pages, très mal écrites, était de la main de quelqu'un d'autre ! Quelqu'un qui n'avait même pas pris la peine de répondre aux premières questions. Quelqu'un qui avait rendu un examen terriblement mauvais. Pourquoi ces pages étaient-elles prises en sandwich entre les miennes ? Le jury pensait-il que c'était moi qui avais conçu cette horreur ? Autre signe alarmant : quelqu'un avait écrit une note (0,0) sur la première page de l'autre personne, puis l'avait effacée !

— Bon, demanda mon mari en prenant son cartable, que vas-tu faire à présent ?

— Je dois réfléchir.

— À quoi ? demanda Ève en descendant les marches. C'est ton examen, maman ? Je peux le voir ?

J'hésitai.

— S'il te plaît. Tu regardes bien mes contrôles. C'est juste que je regarde le tien.

Je m'assis sur le divan et tapotai la place à côté de moi. Elle se mit en tailleur. Je lui tendis l'épaisse enveloppe.

— Prends-en soin, dis-je.

Elle sortit les copies et tourna les pages lentement, avec approbation.

— Tu as vraiment fait un effort d'écriture, maman, je peux presque déchiffrer ce que tu as écrit.

Je l'examinai pour voir si elle se moquait de moi, mais son visage était penché sur les pages, qu'elle étudiait avec beaucoup d'attention. Je sentais que cette fois j'étais jugée par un jury incorruptible, composé d'un seul membre. Finalement, elle leva la tête :

— Il n'y a aucune correction. Où sont les notes ?

Je retirai le paquet d'entre ses doigts et lui montrai le chiffre dans le coin supérieur gauche de la première page.

— Là, dis-je. Pour les six ou sept heures d'examen, il n'y a qu'une seule note.

Elle me regarda.

— Mais comment es-tu censée savoir ce qui était faux ?

Le problème était bien là.

Dès que mon mari et mes filles eurent franchi le seuil de la porte, je pris le téléphone. Jim, l'Américain, ne pouvait pas y croire :

— Tu plaisantes ! dit-il. L'épreuve d'un inconnu insérée dans la tienne !

Rebecca triompha :

— Ils ont effacé une note ? Je le savais ! Je le savais !

Puis j'appelai Josseline, la voisine qui m'avait aidée à écrire ma dissertation sur « le sens du temps et le temps du sens ».

— On peut demander sa copie ? demanda-t-elle en feuilletant mon examen, je l'ignorais.

Elle était plus choquée que moi.

— La première fois que tu passes un examen et que tu demandes ta copie, il y a une erreur. Comment est-ce possible ? Tu dois aller à l'Éducation nationale et leur demander des comptes.

Je m'imaginai, si petite, levant la tête vers le massif mammouth.

— Je crois que je vais envoyer une lettre recommandée, dis-je.

Le lendemain, 4 septembre 2005, j'écrivis au Ministère de l'Éducation nationale, de l'enseignement supérieur et de la recherche, Direction des personnels enseignants, Service des statuts, de la prévision et du recrutement, Bureau DPE A 8 : « Merci pour les copies, mais il y a un problème. L'épreuve d'un autre candidat dont la note zéro a été visiblement effacée se trouvait à la place de la deuxième page de ma copie, de telle façon que l'on pouvait penser qu'il faisait partie de mon examen. Ai-je bien reçu la note que je méritais ou une note destinée à quelqu'un d'autre ? Veuillez agréer... Alice Wunderland. »

Cette fois, je n'eus pas à attendre la réponse bien longtemps. Deux jours plus tard, je recevais un e-mail disant, en substance : « Ne vous inquiétez pas ! C'est juste une erreur de classement ! »

Donc, il n'y avait aucun problème. Génial ! Le jour suivant, avec l'aide de la voisine, j'écrivis une réponse rédigée dans un français très officiel qui disait en gros : « Merci de votre mail, mais votre réponse n'explique rien. Comment savez-vous qu'il s'agit d'une "erreur de classement" et non d'une erreur pendant la correction de l'épreuve ? Une erreur de classement explique-t-elle comment et pourquoi la note de 0 sur 20 a été attribuée et puis effacée sur l'autre copie ? Ou pourquoi cette copie, désormais sans note, se trouvait à la place de la deuxième page de la mienne ? D'ailleurs, qui a le droit de modifier, voire d'effacer une note ? Est-ce une pratique répandue ? Trop de questions restent sans réponse. Je demande donc que mon épreuve de linguistique fasse l'objet d'un nouvel examen, d'autant plus que ma moyenne pour les autres épreuves me permettait d'atteindre le seuil d'admissibilité. Veuillez agréer... Alice Wunderland. »

Plusieurs semaines passèrent. Finalement un jour : une lettre charmante qui m'assura de la légitimité de mes interrogations, et qui m'informa que, après nouvel examen attentif, le bureau du jury jugeait la note attribuée « pleinement justifiée ». Elle était signée de la main du président du jury.

Le jury avait revu mon examen et en avait confirmé la note. C'était tout ? Pas d'explications ? Pas de révision formelle ? Pour employer un terme utilisé en business : pas de traçabilité ?

Je ne pouvais pas accepter ce verdict. Je devais répondre. Mais quoi ?

III

Chapitre 1

J'apprends à douter

Le premier [concept] *était de ne recevoir jamais aucune chose pour vraie que je ne la connusse évidemment être telle.*

Descartes, *Discours de la méthode.*

Je commençais à me poser des questions sur l'opacité du système. Puisque la méritocratie française dépendait des concours tels que celui-ci, il était essentiel de croire que le processus était au-dessus de tout soupçon. Mais l'était-il ?

J'avais du mal à comprendre mon hésitation à répondre à la lettre du président du jury. C'était probablement parce que j'avais espéré l'interviewer sur l'agrégation ; or, le problème que posait la correction de mon examen compliquait tout.

Je retardais le moment de rédiger une réponse. Je téléphonai à un ami journaliste.

— Joey, dis-je, j'ai besoin qu'un excellent journaliste interviewe quelqu'un pour moi. Il est président de l'agrég' d'anglais. Je te fournirai les questions. Tu inventeras une excuse pour prendre contact avec lui. Est-ce que tu utilises un magnétophone ?

— Je ne peux pas faire cela, répondit-il, solliciter une interview sous un faux prétexte n'est pas éthique.

Honnêtement, je n'y avais pas pensé. Je plaidai ma cause d'une voix un peu geignarde.

— Vois ça comme une mission top secret. Comme Woodward et Bernstein.

— Pour un papier sur les déchets nucléaires ou la corruption, peut-être. Mais, là, il ne s'agit que de l'agrégation. Tu ne peux pas utiliser de telles tactiques pour un article sur l'éducation.

— Mais ils ont un devoir de réserve.

— Tu plaisantes !

— Non, vraiment, comme la défense nationale. Des secrets gardés de près. Loyauté.

Joey se mit à rire.

— Cela doit rendre les réformes difficiles.

Soudain, je pus presque entendre une ampoule s'allumer dans sa tête.

— Tu écris un livre ? me demanda-t-il.

En effet, le journal que j'avais commencé afin de m'habituer à écrire à la main prenait déjà forme. Il n'entendit pas mon hochement de tête.

— Même alors, ce ne serait pas éthique. Je pourrais être poursuivi. Et d'ailleurs pourquoi ne le fais-tu pas toi-même ?

J'expliquai l'examen, la lettre du président, ma répugnance à le mettre sur la défensive. Joey n'en fut pas troublé le moins du monde.

— Dis-lui que tu écris ce livre, mentionne certains des problèmes dont tu as connaissance et explique-lui que cela t'aiderait beaucoup s'il pouvait les replacer dans leur contexte. C'est ce que tu veux, n'est-ce pas ?

— Oui, admis-je. Mais va-t-il accepter de me parler ?

J'ai perdu la lettre du président.

Pendant des semaines, je l'avais transportée partout avec moi, essayant d'y trouver une réponse et elle avait subitement disparu. Je rampai sous le bureau de la chambre, je soulevai mes cahiers, mes classeurs et tous mes papiers. Je retournai mon sac, d'où tombèrent un reçu pour un développement de film datant de plusieurs mois et deux tablettes de chewing-gums. Mais pas la lettre.

— Je vais t'aider à la trouver, maman !

Ève se pencha au-dessus de mon épaule et prit un chewing-gum.

– Mais pourquoi est-ce si important ?

Pourquoi l'était-ce, en effet ? Le concours était terminé. Quelle différence cela faisait-il d'écrire au président du jury – ou à quiconque d'ailleurs ? Personne n'avait jamais réussi à contester les résultats de l'agrégation d'anglais. La souveraineté du jury avait été confirmée par des tribunaux et des juges.

– Je veux juste la trouver, c'est tout. L'enveloppe porte l'adresse de la personne à laquelle j'ai besoin d'écrire.

– Ne t'inquiète pas, maman.

Elle se pencha, sa frange assombrissant ses yeux marron, me tapota l'épaule avec assurance.

– Mais qu'est-ce que tu vas lui dire ?

J'ai longtemps réfléchi. Comment garantir la transparence ? La lettre que je finis par rédiger était trop longue. Et en anglais. Elle disait essentiellement :

Merci de votre lettre ; or, compte tenu des circonstances extraordinaires entourant l'attribution de cette note, j'attends une explication détaillée, avec, pour chacune des six parties de l'épreuve de linguistique, l'information suivante : le maximum de points possible, le nombre de points attribués à mon épreuve et un commentaire explicatif. Je vous prie d'agréer…

La réponse ne mit pas longtemps à me parvenir. Quand elle arriva, les écoles et les voitures brûlaient dans les banlieues entourant les villes françaises, incendiées par des enfants d'immigrés dont les problèmes étaient bien pires que ceux que je pouvais imaginer. La police avait reçu des pouvoirs extraordinaires. Un couvre-feu avait été décrété. Notre ville sentait la fumée venant de la cité voisine.

La lettre m'informa que toute réclamation au sujet d'un concours de recrutement de la fonction publique devait être rédigée en français.

C'était une réponse tout à fait valide. Même pour un concours d'anglais, toute communication officielle devait être rédigée en français. Bien sûr, une personne saine d'esprit se serait immédiatement assise, aurait réécrit la lettre en français et l'aurait envoyée en recommandé le jour même. Cependant, inexplicablement, je sentais diminuer mon intérêt pour mon propre examen. Pour autant que je sache, personne n'avait réussi à contester les résultats d'un jury auparavant. Peut-être craignais-je de ne jamais obtenir une explication claire et désirais-je m'investir dans un projet plus gratifiant : comprendre ce que j'avais vu.

Chapitre 2

Où est Michael Moore
quand on a besoin de lui ?

L'esprit français met toujours l'école, la formule, le
conventionnel, l'a priori, l'abstraction, le factice au-
dessous du réel et préfère la clarté à la vérité, les mots
aux choses, et la rhétorique à la science.

F. Amiel, *Journal intime*, 30 septembre 1871,
cité par T. Zeldin.

J'élaborai un plan d'attaque en trois phases.
Premièrement, interviewer des professeurs et
des membres du jury sur le fonctionnement du
concours. Deuxièmement, écrire à des responsables français – ministres, administrateurs, intellectuels, syndicats de parents d'élèves – pour
leur demander d'expliquer le système actuel et
d'indiquer, selon eux, dans quelle direction il
devait évoluer. Troisièmement, garder les yeux

ouverts. Pour observer. J'avais échoué à l'agrégation, mais d'autres avaient réussi. Quelle avait été leur expérience ?

Par l'intermédiaire de mes amis, je fis savoir que je voulais parler à des gens faisant partie du système. J'écrivis à cinq ex-ministres de l'éducation : Jospin, Lang, Ferry, Bayrou et – le seul appartenant à la corporation – Allègre, puis au ministre actuel, Robien. Je pris contact avec des membres du jury de l'agrégation d'anglais et d'autres disciplines. Je m'entretins avec des candidats qui avaient échoué et avec d'autres qui avaient réussi, avec des professeurs, avec des responsables de la formation des nouveaux enseignants, avec des directeurs et avec des professeurs d'anglais. Je voulais désespérément interviewer le président du jury actuel, mais je ne le pouvais pas puisque nous communiquions déjà par lettres recommandées. J'en cherchai un autre, un ancien.

Dans la liste, le nom de Patrick Badonnel me disait quelque chose. Il avait été en fonction de 1996 à 1999. Je lui écrivis un e-mail pour solliciter un entretien avec lui sur l'histoire et l'avenir de l'agrégation pour le livre que j'étais en train d'écrire.

À peine avais-je appuyé sur la touche « envoyer » que j'eus un déclic. J'allai à la cave.

Sur une étagère bancale qui sentait le pin et le moisi, tous mes livres d'agrég' étaient là – vingt au moins. Les manuels du CNED avec leurs couvertures bleues étaient regroupées à l'extrémité. Je trouvai le nom de Badonnel sur l'une d'elles et l'ouvris à la page 6.

« *As we can see a signifier has surfaced in the text but the signified which would countersign the texture of the text is absent* [1]... »

J'allai à la page 37 et lus : « *Evil is a signifier which displaces itself and therefore remains elusive* [2]. » Quelques pages plus loin, page 42 : «...*an interesting metonymic displacement of the signifier* [3]... »

Je fermai le livre et soupirai.

Patrick Badonnel, ancien président du jury, avait écrit l'ouvrage du CNED sur *Le Choix de Sophie*.

---

1. « Comme nous pouvons le voir, un signifiant a fait surface dans le texte, mais le signifié qui contresignerait la texture du texte est absent... »

2. « Le mal est un signifiant qui se déplace et par conséquent reste élusif. »

3. «... un déplacement métonymique intéressant du signifiant... »

Chapitre 3

Rebecca apprend à enseigner l'anglais

> *...en matière de langues, il existe une exception française qui n'est pas suffisamment prise en compte et qui n'a rien à voir avec la qualité de l'enseignement ou les carences supposées de la pédagogie. [l'accent tonique] est omniprésent en anglais, et de façon aléatoire. Cela explique pourquoi, en dépit de 70 % du vocabulaire en commun, les Français éprouvent le plus grand mal avec l'anglais...*

Antony Stenton, de l'université de Toulouse, cité dans *Le Monde de L'Éducation,* octobre 2005.

– Alors, tes cours ?

Rebecca rejeta les épaules en arrière comme un soldat et ajusta son écharpe jaune et verte.

– C'est à peu près ce à quoi je m'attendais, dit-elle en brossant une poussière imaginaire de son pull en alpaga.

— Deux pressions ! demandai-je au serveur qui passait.

Rebecca le regarda partir sans un mot.

— Alors, qu'est-ce qui se passe ?

Elle soupira et détourna le regard au loin. J'essayai une fois encore.

— Raconte-moi une journée typique. Qu'est-ce que tu fais ?

Le serveur revint avec les deux bières. Rebecca but la sienne d'un trait, avant que j'eusse touché à mon verre.

— Comment c'est ? dit-elle posant avec force son verre sur la table. Eh bien, *darling*, écoute, je vais tout te dire !

La façon dont elle appuya sur le « tout », à la manière d'une diva chantant une aria, me rendit un peu nerveuse. Mais soudain elle reprit le contrôle d'elle-même.

— Garçon ! appela-t-elle, levant son verre vide.

Puis elle enchaîna :

— Je suis à l'IUFM...

— IUFM ?

Je connaissais l'acronyme, mais je n'arrivais pas à me rappeler sa signification.

— Institut universitaire de formation des maîtres. L'IUFM est le département de l'université, responsable de la formation des professeurs. Quand tu réussis l'agrég' ou le CAPES, on

t'envoie dans un IUFM pour un an en tant que
« professeur stagiaire ».

– Professeur stagiaire ? demandai-je. Je
pensais qu'une fois qu'on avait le concours, on
devenait professeur.

– Non, *darling*. Nous tous, agrégés et capéciens,
sommes d'abord des professeurs stagiaires. On
étudie ensemble à l'IUFM – à ceci près, bien
sûr, que les agrégés restent des agrégés, et les
capéciens, des capéciens. Où en étais-je ?

– Tu allais me parler de l'emploi du temps.

– Oui. Le 1er septembre, nous nous sommes
rendus à notre institut et on nous a attribué une
école : un lycée pour les agrégés, un collège pour
les capéciens. Le 2 ou le 3 septembre, nous avons
commencé à enseigner. Pour ça, j'ai eu beaucoup
de chance. Je suis dans une bonne école, dans
un quartier tranquille. Mes élèves sont relativement bien élevés. Donc, il n'y a pas de difficultés.
Évidemment : j'ai enseigné pendant vingt-cinq
ans. Mais la plupart des agrégés et des capéciens
ont 23 ans et n'ont jamais géré une salle de classe.
Total, *darling*, des larmes. Larmes et dépres-
sion. C'est apparemment assez commun chez
les professeurs stagiaires. Les causes habituelles
de désespoir incluent l'incapacité à se faire
comprendre ; la passivité des élèves ; les questions
sans rapport avec le sujet ; l'indifférence face aux

efforts du professeur. Enseigner est un travail difficile physiquement et émotionnellement. Personne ne s'en rend compte, les élèves encore moins que les autres.

— Que se passe-t-il, alors ? demandai-je, fascinée.

— Eh bien, dit Rebecca, tout dépend du tuteur qui s'occupe du professeur stagiaire. Un tuteur gentil et compétent consolera le stagiaire et lui offrira quelques mots d'encouragement et des conseils. Alors, le nouveau professeur se mouchera, se débarbouillera le visage et continuera. Mais les tuteurs sont tous très différents les uns des autres. Personne ne contrôle tout ça. Les tuteurs nous guident, mais qui guide les tuteurs ?

Elle s'arrêta comme si elle attendait une réponse, un peu à la manière d'un professeur.

— Euh, c'est quoi, un tuteur ?

— Eh bien, comme je viens de te le dire, ça dépend. C'est censé être un professeur expérimenté qui conseille les stagiaires. Parfois c'est le cas, parfois non. Chaque tuteur applique sa propre méthode. Il n'y a pas de coordinateur, pas de plan. Tout ça, si tu y réfléchis bien, reste très individualiste, alors qu'il s'agit d'un système, n'est-ce pas ?

— Est-ce que c'est un problème ? demandai-je.

— Pas pour moi, répondit Rebecca, mais moi je sais déjà enseigner.

La foule de l'après-midi commençait à remplir le café. Il y eut un changement de service et on nous demanda de payer. Le nouveau serveur nous apporta un ravier de cacahouètes salées.

— Comment les élèves réagissent-ils en apprenant que vous êtes stagiaires ?

Rebecca rit.

— Oh vraiment, *darling* ! Tu penses bien que personne ne le leur dit. Seigneur ! Les enfants nous mangeraient tout crus s'ils le savaient. Non, non. Dès leur premier jour de classe, les stagiaires sont présentés comme des professeurs normaux. Pauvres acteurs bégayant sur scène ! Enseigner, c'est jouer, *darling*, c'est donner une représentation. Et le premier devoir d'un jeune professeur aspirant est de faire le même numéro qu'un professeur.

Elle me scruta.

— Même si tu avais eu cet examen de merde, je doute que tu t'en sois sortie.

— Si, rétorquai-je, tu oublies que j'ai eu une meilleure note que toi !

— Oui, répondit Rebecca calmement, et nous savons quel est le rapport avec l'enseignement, n'est-ce pas ?

— Très juste, avouai-je, continue.

— Bref, nous passons trois jours par semaine en face de vingt à trente gosses. Les deux autres jours, les mercredi et jeudi, sont consacrés aux cours théoriques.

– Comment est leur anglais ?

– De qui ?

– De vos professeurs, pour les cours théoriques.

Rebecca se remit à rire amèrement.

– Vraiment je serais incapable de le dire. Je ne les ai jamais entendus parler anglais.

– Tu plaisantes !

– Non. Je crains bien que non.

– Vos professeurs ne parlent jamais l'anglais ?

Quelque chose dans le regard de Rebecca me fit hésiter.

– Mais toi tu parles l'anglais, n'est-ce pas ? Et les autres professeurs stagiaires…

– Une fois, dit-elle, le professeur nous a réunis par groupes pour un projet, découper des horloges en carton, je crois, et je me suis retrouvée avec le seul autre anglophone. Naturellement, nous sommes passés à l'anglais. La banquise, *darling* ! Un vent venant de Sibérie soufflait dans la classe ! Le professeur est venu vers nous avec les lèvres serrées. « Je pense, a-t-elle dit, qu'on ne va pas pouvoir laisser des anglophones ensemble. » Et elle nous a séparés, *darling* ! Comme deux garnements pris en train de chuchoter en classe.

— Bon, si vous ne parlez pas l'anglais, qu'est-ce que vous faites les mercredi et jeudi ?

— Tu ne m'as pas entendue dire que c'étaient des cours théoriques ? Nous étudions la théorie. À partir de livres ! Approches. Techniques.

— Et tout ça en français.

— Exclusivement.

— Même quand vous discutez d'enseignement de l'oral ?

Rebecca opina.

— Et les autres ? Comment prennent-ils la chose ?

— Eh bien, c'est assez drôle. Je soupçonne que certains des capéciens préféreraient exercer leur anglais. L'un d'eux m'a même dit quelques mots avant que le professeur nous repère. Ils sont moins effrayés de se faire attraper. Mais l'attitude des agrégés est bizarre. Plusieurs d'entre eux ont semblé assez soulagés. Une jeune fille parfaitement intelligente m'a avoué qu'elle était incapable de parler l'anglais. « C'est terrible, disait-elle. Je vais faire des erreurs ! »

— Moi non plus, je n'aimerais pas faire d'erreurs devant toi, plaisantai-je.

— Mais, Alice, tu en fais constamment.

— Quoi ?

— Mais cela ne t'empêche pas de parler, n'est-ce pas ?

Je ne répondis rien. Rebecca leva la main.

— La prochaine tournée est pour moi, dit-elle.

Le serveur débarrassa nos verres vides et les plats de cacahouètes avant de placer des sous-verres propres et deux bières devant nous.

— Merci, dit Rebecca.

— Et quand vas-tu devenir un professeur à vie, un fonctionnaire à part entière ?

— Théoriquement, à la fin de cette année d'essai. Personne ne la rate. Du moins, c'est ce qu'ils prétendent. Un inspecteur vient à quelques-uns de nos cours afin de nous évaluer. Pour les cours théoriques, il suffit de faire le travail et de ne pas causer de problème. Et, bien sûr, nous avons un devoir à écrire. Mais cela ne devrait pas être trop difficile. Ils vont nous expliquer ce qu'ils veulent et nous allons le faire.

C'était bientôt l'heure du dîner pour nos enfants. Je me levai, m'étirai et mis ce que je devais sur la table.

— Bonne chance, Rebecca, dis-je. Je suis contente de savoir que tout va bien.

Chapitre 4

L'incident étrange
du classiciste britannique d'Oxford

Toute discrimination, fondée sur la nationalité,
entre les travailleurs des États membres,
en ce qui concerne l'emploi, la rémunération
et les autres conditions de travail est interdite.

Article III-133 de la Constitution européenne
rejetée par la France.

Statistiques officieuses pour l'IUFM d'Antony en 2005 : Nombre de professeurs stagiaires : 14. Sur les 14, nombre d'anglophones : 3. Sur les 14, nombre de ceux qui redoublent l'année de formation : 2. Sur les 2 redoublants, nombre de Français : 0. Sur les 2 redoublants, nombre d'anglophones : 2.

— Tu cherches toujours des informations sur l'agrég' ?

Je regardai mon mari au-dessus de mes lunettes demi-lune. Il buvait tranquillement du thé dans la cuisine, parcourant un de ses journaux professionnels. Les filles n'étaient pas encore descendues pour le petit déjeuner.

– Oui, dis-je prudemment, tu connais quelqu'un ?

– Un diplômé d'Oxford. Il a enseigné trente ans. Il vient d'avoir le CAPES.

– Tant mieux pour lui, répondis-je.

Il semblait évident que les anglophones parvenaient à avoir le CAPES. C'était l'agrég' qui m'intéressait.

– Pas vraiment, reprit mon mari, posant son journal ouvert sur la table, il a été renvoyé.

– Renvoyé ?

C'est la première fois que j'entendais dire que quelqu'un s'était fait renvoyer de l'Éducation nationale.

– C'est ce qu'il m'a dit. Tu veux lui parler ?

– Oui, bien sûr. Comment s'appelle-t-il ?

Mon mari secoua la tête lentement.

– Pas de nom, s'il te plaît.

M. W. avait enseigné l'anglais et le grec à des écoliers pendant trente ans dans divers pays dont l'Angleterre et la France avant de s'inscrire au CAPES. Pour quoi faire ? Ce fut la première question que je lui posai lorsque nous nous rencontrâmes deux jours plus tard dans un coin pas trop enfumé d'un café du Quartier latin. Je n'avais eu aucun mal à le reconnaître. Il ressemblait bien à un professeur ayant des soucis.

– Je souhaitais un revenu stable, m'expliqua-t-il.

Bref, c'était pour les mêmes raisons que les autres professeurs anglophones aguerris que j'avais connus. Deux éléments distinguaient cependant M. W. de la masse des candidats. Premièrement : il avait réussi le CAPES. Et deuxièmement : il avait échoué à l'issue de son année de formation et n'avait pas été titularisé.

– Vous avez été renvoyé, *après* avoir eu le CAPES ?

– Oui. C'est ça. Je crois que c'est plutôt rare. Mais c'est ce qui m'est arrivé.

Il avait une belle voix et le ton cultivé d'un universitaire anglais. Je l'imaginais, vêtu d'une toge noire, assis dans un fauteuil en cuir usé, un verre de scotch à la main.

– Est-ce que vous, euh, avez fait, euh, quelque chose…

Qu'étais-je en train de sous-entendre ? Mais M. W., la politesse même, ne s'offusqua pas.

– Mes évaluations en classe n'étaient pas bonnes, dit-il. L'inspecteur a estimé que je ne pouvais pas contrôler la classe.

— Aviez-vous enseigné avant ?

— Trente ans, dit-il, après avoir étudié les lettres classiques à Oxford.

— Oh !

— Mais la classe était difficile. C'était un collège de banlieue. Les enfants étaient assez inattentifs.

— Êtes-vous le seul professeur stagiaire à avoir eu des difficultés avec cette classe ?

— Oh non ! En fait, les enfants étaient si dissipés que dix autres professeurs ont signé une pétition pour protester contre les conditions de travail dans cette classe.

— Mais vous êtes le seul professeur à avoir reçu un rapport négatif ?

— Je crois.

— Pourquoi ? demandai-je avec prudence. Le savez-vous ?

Il y eut une pause.

— Eh bien, dit-il, je pensais que vous auriez peut-être une explication.

— À dire vrai, je croyais que, une fois qu'on avait le CAPES ou l'agrég', on était sauvé. Je ne savais pas qu'on pouvait les annuler.

Il soupira.

— Ni moi, dit-il de sa belle voix.

Il ouvrit un cartable en cuir usé et posa une liasse de papiers sur la table.

— Ceci est mon mémoire, dit-il.

— Un mémoire ? Après avoir eu le concours ?

— Oui. Chaque professeur stagiaire est évalué sur la base de trois choses : premièrement, dispenser deux cours par semaine. Deuxièmement, la présence régulière aux cours de l'IUFM, également deux fois par semaine.

— Un problème avec ça ?

— Aucun. J'ai été présent à tous les cours.

— OK, l'interrompis-je, et la troisième est ce mémoire ou rapport que vous devez écrire.

— Exactement, dit-il en prenant une page entre les doigts. Mon rapport a été rejeté.

— Quoi ? Mais pourquoi ?

— J'ai posé la question, répondit M. W.

— Et ?

— Mon tuteur a seulement prétendu que ce n'était pas un mémoire.

M. W. avait l'air triste et pensif.

— C'est tout ce qu'il a dit ?

— Oui. Voudrez-vous le lire ?

Je le pris et commençai à le parcourir. À la page 2, M. W avait placé une longue citation en grec.

— N'est-ce pas ce genre de choses qui leur a posé un problème ?

Il montra le bas de la page.

– J'ai tout traduit en français, dit-il. Pour les gens qui ne maîtrisent pas le grec.

Il me regarda, les yeux écarquillés.

– Vous ne pensez pas qu'avoir utilisé du grec a causé un problème quand même ?

– Peut-être, soupirai-je. On ne sait jamais.

Je continuai de tourner les pages. M. W. écrivait un excellent français. Page 4, je m'arrêtai sur : « Il est essentiel de ne pas dénaturer l'image du monde anglophone présenté aux élèves. » « Oh là là », pensai-je.

– Y a-t-il un problème ?

M. W. tendit le cou pour lire à l'envers.

– Ah oui. Il est possible que mon conseiller n'ait pas apprécié cette partie. En fait, il m'a reproché un « manque d'humilité ». Bien que je ne sache vraiment pas pourquoi. Je ne me souviens pas que ce genre de considérations posât un problème à Oxford.

Je poursuivis ma lecture – trente pages d'érudition accompagnées de cent notes de bas de page.

– M. W., dis-je, nous sommes tous mal à l'aise lorsque nous voyons la façon dont nos cultures sont parfois représentées. Mais (j'agitai la page offensante), qu'est-ce qui vous a pris ?

M. W. haussa les épaules et se mit à cligner des yeux rapidement comme un enfant pris en faute.

Je regrettai ma dureté. Cela ne devrait pas être un crime d'être si cultivé quand on est professeur.

– Pardon, dis-je doucement, je comprends parfaitement. Vous aviez eu le concours. Vous avez écrit ce que vous pensiez être juste. Les professeurs doivent faire attention de ne pas donner une fausse idée des autres cultures. Je suis parfaitement d'accord avec vous. Mais peut-être devrions-nous garder ces idées pour nous-mêmes.

– Mais, bégaya-t-il, je ne parlais pas d'eux. Je parlais de moi-même. Mon intention était d'indiquer que, en tant qu'Anglais, je devais être prudent lorsque j'évoquais d'autres cultures. Il est crucial de ne pas attribuer des traditions typiquement anglaises aux Irlandais, par exemple. Je ne parlais pas du tout des professeurs français. Oh mon Dieu ! Vous pensez que c'est ce qu'ils ont cru ? Que je les accusais de mal présenter les cultures anglophones ? Oh mon Dieu !

Il fixait la table en clignant des yeux si vite que j'étais persuadée qu'il ne voyait rien. Je me sentais affreusement mal. Peut-être que ce devoir avait été rejeté pour des raisons totalement différentes. Je n'avais aucun moyen de le savoir, étant donné qu'aucune remarque, aucun commentaire n'expliquait la sanction. L'arbitraire de tout cela me coupait le souffle.

— M. W., dis-je gentiment, quelles sont vos options maintenant ?

Il me regarda.

— Je suppose que je pourrais faire appel, dit-il, mais je pourrais perdre le peu d'indemnités de chômage auxquelles j'ai droit. Et je suis si fatigué. Si fatigué. Voyez-vous, je ne m'attendais pas à cela. Je pensais que j'enseignerais les dix prochaines années, jusqu'à ma retraite. C'est tellement soudain. J'ai peur de ne pas avoir la force de me battre.

— Que va-t-il se passer si vous ne faites pas appel ?

Il me regarda, ses yeux bleu pâle finalement apaisés.

— Eh bien, je ne peux pas retourner à mon ancien travail, puisque je suis officiellement renvoyé. C'est mon employeur qui m'a demandé d'obtenir un CAPES. Donc, je pense que je dois arrêter de travailler.

— Retraite anticipée ? demandai-je avec espoir.

— Je suppose qu'on pourrait l'appeler ainsi, dit-il tristement, mais sans salaire.

Après avoir quitté M. W., je me demandai : qui obtenait l'agrég' ou le CAPES pour échouer ensuite après l'année de titularisation ? Je n'avais jamais entendu parler de tels cas auparavant. Cela arrivait-il souvent ? Qui étaient ceux qui avaient été renvoyés ? Qu'étaient-ils devenus ? Plutôt qu'un travail à vie, obtenu par concours, ils étaient abandonnés les mains vides. Qui en décidait ? Comment ? Un appel servait-il à quelque chose ? Je fis une recherche Internet sur « professeurs stagiaires ». Je trouvai une page concernant une action en justice, un tract de la CGT de l'académie de Créteil déplorant le licenciement de cinquante-deux professeurs stagiaires l'année précédente, et une pétition de « Stagiaires en Colère » dénonçant l'« hypocrisie ambiante ». Et, comme par hasard, ces Stagiaires en Colère étaient justement des professeurs d'anglais. Est-ce que le malheur de M. W. faisait partie d'une plus grande pagaille ? Ou était-ce un cas particulier ? Ses problèmes avaient-ils un rapport avec son âge ? Avec le fait qu'il était de langue maternelle anglaise ? Était-ce un cas de discrimination ?

Chapitre 5

Canard comme poisson

*Il y a certains inspecteurs qui sont franchement
hostiles à l'examen professionnel et au concours réservé.
Alors, ils ajournent sous n'importe quel prétexte.*

SNES, cité dans *Le Monde de L'Éducation*,
novembre 2005.

Je ne fus pas surprise d'apprendre que la
plupart des *forts* – y compris Floriane et Mathilde
– avaient réussi l'agrég' haut la main. Ils étaient
intelligents et travaillaient dur. Ils parlaient
l'anglais relativement bien et, contrairement à
moi, maîtrisaient les arcanes de la dissertation
française et de la leçon. J'avais été particulièrement impressionnée par Floriane et Mathilde,
par leur connaissance et leur amour de la litté-

rature. Que faisaient-elles maintenant ? Leur année de formation était-elle semblable à celle de Rebecca – ou à celle de l'infortuné M. W. ?

Quand Floriane me rappela, je fus vraiment ravie. Nous nous donnâmes rendez-vous à côté de la Sorbonne pour déjeuner entre ses cours à l'IUFM et ses cours en fac. Dans le RER, je ressentis une pointe de nostalgie. J'avais aimé ces mois à étudier des œuvres telles que *Lord Jim*, *Richard II* et les *Confessions*. Combien de fois dans une vie avons-nous la chance de réellement nous consacrer à la littérature ? Il m'avait fallu du temps pour m'habituer à l'analyse textuelle, mais je trouvais que – quand il s'agissait d'une littérature d'un assez haut niveau pour supporter d'être scrutée – le plaisir de lire ne faisait qu'augmenter.

Je repérai immédiatement Floriane avec son gros pull-over à col roulé. Nous nous fîmes la bise et nous lançâmes immédiatement dans une discussion sur la littérature américaine du XVIIIᵉ siècle, sujet qui la passionnait et qu'elle connaissait bien.

– As-tu vu l'exposition ? demandai-je en lui montrant les hauts murs en contreplaqué disposés en carré en face de la fontaine temporairement à sec.

L'exposition retraçait les huit cents ans d'histoire de la Sorbonne, fondée en 1200. Aujourd'hui, on tend parfois à associer la Sorbonne au soulèvement des étudiants de 1968 et à la voir comme le foyer du radicalisme de gauche, mais, pendant des siècles, elle fut le pilier du pouvoir royal, le cœur de l'enseignement catholique pour les latinistes et les prêtres – c'est-à-dire une institution profondément conservatrice.

Nous mîmes le cap sur l'un des restaurants japonais qui avaient essaimé dans tout Paris pendant la dernière décennie.

– Alors comment ça va ? Tu aimes être stagiaire ?

– Ça va, dit-elle avec un manque d'enthousiasme certain.

– L'école est correcte ? Ils ne t'ont pas envoyée dans le *9-3*, n'est-ce pas ?

– Oh non, je suis dans un bon lycée à dix minutes de voiture de chez moi. Les élèves sont assez gentils. Mais leur anglais n'est pas assez bon pour accomplir quoi que ce soit. J'ai essayé de leur faire lire des articles simples tirés de *USA Today*[1], mais c'était encore trop difficile pour eux. Je pourrais leur apprendre tant de choses sur la littérature américaine et la civilisation, mais

_____

1. Quotidien américain, assez proche de *Métro*.

je dois leur enseigner la grammaire. Prétérit. Parfait.

— Ça ne te plaît pas d'enseigner la grammaire ?

— Non. Vraiment pas. Je n'ai jamais voulu enseigner à des adolescents, je n'arrive pas à les atteindre. Ils ne sont pas prêts à recevoir ce que j'ai à donner. Et ce dont ils ont besoin — exercices de grammaire, conversation, vocabulaire, automatismes de base, répétitions — est très dur pour moi. C'est frustrant. Je préfère l'université. C'est ce que je vais essayer d'obtenir. J'ai passé l'agrég' pour devenir prof de fac. Tu sais, c'est quasiment obligatoire maintenant.

— Et les autres ?

Des sept candidats qui formaient ce groupe que j'avais appelé les *forts*, six avaient eu l'agrég'. Mais aucun d'entre eux ne voulait enseigner dans un lycée.

— Tu sais, expliqua-t-elle, l'agrégation est vraiment orientée vers le travail universitaire.

Puis elle soupira.

— Je ne pense pas être un très bon professeur de lycée.

— Qu'est-ce qui te fait dire cela ?

Mais avant qu'elle ne puisse répondre, je compris.

— Tu as reçu ton évaluation, n'est-ce pas ?

— Oui, lâcha-t-elle, en donnant des petits coups dans son bol de salade vide avec ses baguettes en bois.

Nous attendions nos assiettes de poisson cru. L'idée m'est venue que je commençais à considérer les sushis comme un plat typiquement français – comme le couscous.

— Les inspecteurs sont parfois, euh, difficiles, dis-je.

En réalité, les rapports publiés auxquels je m'étais intéressée depuis ma conversation avec M. W. indiquaient qu'un inspecteur pouvait utiliser n'importe quel prétexte pour disqualifier un professeur stagiaire.

— Ce n'est pas seulement parce que j'ai fait un mauvais travail, dit Floriane doucement, j'ai commis des erreurs, je l'admets. Mais l'inspectrice envoyée par l'IUFM voulait ma peau. Genre : « Tu es une agrégée, mais tu vas voir qui est la patronne ! » Elle a critiqué tout ce que j'ai fait. Ce n'est pas une bonne année.

— Oh Floriane ! dis-je, fais attention. Je connais quelqu'un qui a loupé l'année de formation. Et il parle un excellent anglais.

— Tu sais, dit-elle pensive, à un moment j'ai utilisé une phrase avec le mot «*ducks*» et l'inspectrice m'a corrigé. « Le pluriel de *duck* est *duck*, a-t-elle dit, sans "s", comme *fish*. »

301

— Qu'est-ce que tu dis ?

— Après l'inspection, j'étais convaincue d'être un professeur épouvantable. Pourtant, j'étais sûre de « *ducks* ». J'ai attendu des jours avant de vérifier dans le dictionnaire. Mais que peux-tu faire si l'inspecteur dit que « *three ducks* [1] » est faux ? Elle était tellement satisfaite de m'épingler sur cette « erreur ».

Je n'avais rien à dire.

Je commençais à penser que la chose la plus surprenante à propos de l'enseignement de l'anglais en France n'était pas qu'il y eût des problèmes, mais qu'il y eût de bons professeurs. Aucun d'entre eux n'avait été préparé à enseigner l'anglais. Ils arrivaient dans la salle de classe avec des connaissances théoriques et, peut-être, beaucoup de passion, mais sans aucun outil pédagogique. Les professeurs expérimentés, comme M.W., pouvaient être arbitrairement recalés par un inspecteur aux qualifications et aux motivations douteuses. En fait, réalisai-je, le mérite des professeurs d'anglais de lycée – et certains étaient remarquables – était presque entièrement de leur propre fait. Si un professeur d'anglais exerçait sa vocation avec compétence, c'était probablement *en dépit de l'Éducation nationale*.

---

1. « *Three ducks* » est correct en anglais et signifie « trois canards »

Nous nous souhaitâmes bonne chance et nous promîmes de garder le contact. Sur le chemin du métro Saint-Michel, je passai devant la grande librairie Gibert Joseph où j'avais acheté tant de livres pour l'agrégation l'année précédente. J'avais dilapidé là une belle somme d'argent ! Combien de livres avaient été publiés spécifiquement pour l'agrégation et le CAPES d'anglais l'année précédente ? Quelle en était la valeur ? Je fus prise du besoin urgent de revisiter l'étage consacré aux langues étrangères, là où j'avais vu mes premières méthodes de préparation aux concours.

Je ne me rendis pas immédiatement vers l'escalier roulant, mais vers l'accueil central, derrière lequel était assis un jeune homme mince portant des lunettes.

– Bonjour, dis-je, serait-il possible d'obtenir une liste de tous les livres publiés pour l'agrégation et le CAPES d'anglais ?

Il m'observa sans animosité et dit :

– Allez voir les spécialistes du 4e étage.

De l'escalier roulant, j'émergeai devant un autre bureau d'accueil. Je répétai ma question.

– Vérifiez avec le spécialiste de la section d'anglais.

– Merci.

Je contournai les tables chargées de publications anglaises et me dirigeai vers une silhouette esseulée derrière un bureau bien plus petit. Mettant au point mon sourire le moins menaçant, je répétai ma question.

— Vous voulez un listing de tous les livres destinés à l'agrég' et au CAPES d'anglais ? me demanda le responsable, incrédule. Cela va être assez difficile. De plus, ce sont des informations internes, nous ne pouvons pas donner d'informations internes.

— C'est juste une liste, répondis-je. Peut-être pourriez-vous chercher dans l'ordinateur à la rubrique « agrégation » ?

— Non.

Le ton était ferme et définitif. Il retourna aux papiers étalés sur son bureau, mais je ne bougeai pas.

— Savez-vous où je pourrais trouver cette information ? finis-je par demander.

Il désigna quelques tables couvertes de piles de livres, au milieu de l'étage.

— Là-bas, dit-il, sur ces tables.

— Merci.

Les tables avaient été déplacées depuis ma dernière visite presque un an plus tôt, mais j'eus l'impression de revenir chez moi. « Il est temps de faire l'inventaire », pensai-je. Il y avait deux tables et une bibliothèque, toutes remplies de livres sur la langue, la civilisation et la littérature anglaises. La table la plus grande était réservée exclusivement aux manuels d'agrég' et de CAPES. Le nom du professeur Gallant apparaissait sur la couverture de plusieurs livres, ainsi que celui de Bourreau et d'autres dont j'avais suivi les cours. Mêlés à mes vieux amis (*Confessions*, *The Good Soldier*, *Richard II* et Flannery O'Connor) se trouvaient des textes sur les nouveaux sujets, l'exploration de l'Ouest et *The Diary of Miss Jane Pittman*, qui avait remplacé *Le Choix de Sophie* dans le programme.

Je fis le tour de la table et commençai à compter les différents titres. J'en dénombrai 133 (sans compter ceux du CNED, qu'on ne pouvait acquérir que par correspondance). Mais, la plupart des publications ayant plusieurs auteurs, au moins deux cents universitaires avaient participé à leur rédaction.

Au-delà de ces tables, il y en avait d'autres encore, pour l'italien, l'allemand, l'espagnol, le russe et d'autres langues. La pièce en débordait. Ailleurs, dans d'autres sections de la librairie, il y avait aussi des manuels pour les trente-sept sujets en compétition : maths, physique, sport... Je me souvins de ma réaction un an auparavant : *sur les 43 461 candidats dans tous les concours d'agrégation, 40 571 vont échouer !* Mais, avec l'expérience et la distance, je compris que la question intéressante ne concernait pas la fabrication d'un agrégé, mais les ingrédients nécessaires pour produire un bon professeur de lycée. Combien de nouveaux agrégés enseigneraient réellement dans un lycée cinq ans après avoir réussi le concours ? Dix ans après ? Vingt ?

C'était une industrie immense et prospère, certes. Mais pour produire quoi exactement ?

Chapitre 6

Rebecca au paradis

Le meilleur professeur [...] n'est pas celui qui en sait le plus, mais celui qui est le mieux à même de réduire la connaissance à la simple combinaison d'évidence et de merveilleux qui puisse se glisser dans la compréhension enfantine.

H.L. Mencken, « The Éducational Process »,
Chrestomathy.

Fin octobre. Mes filles étaient retournées à l'école et semblaient contentes. Ève s'était habituée aux professeurs du collège, tandis que Linda aimait sa maîtresse de CE1 et, chaque matin, elle se hâtait de rejoindre ses copines. Ma recherche avançait lentement. Les statistiques arrivaient au compte-gouttes. Les ministres tardaient à me répondre. Je n'avais pas vu

Rebecca depuis un moment quand elle m'appela pour annoncer :

— Je pars dans les DOM-TOM.

— Quoi ?

— Mais c'est ce qu'il y a de mieux à faire, *darling*. Figure-toi que, à la fin de l'année de formation, l'Éducation nationale ne compte pas nous donner de poste à plein temps.

— Comment ?

— Chhhut ! Ils veulent faire de nous des remplaçants, on devra attendre près du téléphone, on nous affectera là où il y aura du travail.

J'allais dire quelque chose, mais elle continua.

— Et uniquement dans trois académies : Versailles, Créteil et Amiens.

Elle ne parlait pas de villes, mais de départements entiers. Créteil incluait à la fois le 94 où je vivais et le *9-3*. Personne ne voulait travailler dans le *9-3*. *Le Monde de l'éducation* publiait régulièrement des articles portant des titres tels que : « Comment j'ai survécu un an comme professeur dans le 9-3. »

— Rien à Paris ou dans une grande ville ? demandai-je.

Cela semblait incroyable que pas un seul collège, où que ce soit en France, n'ait besoin d'un professeur d'anglais hautement qualifié et expérimenté comme Rebecca. Et à Beauté, ma propre ville ? J'étais certaine que bien des parents tomberaient à genoux de gratitude si l'Éducation nationale leur envoyait un professeur d'anglais du calibre de mon amie.

— Rien, dit Rebecca. Je n'ai pas assez de points. Seuls les professeurs qui ont beaucoup de points peuvent choisir leur lieu de travail.

— Mais ton expérience ?

— Elle ne compte pas. Pour l'Éducation nationale, je commence ma carrière maintenant. Mes seuls points me sont octroyés parce que j'ai des fils.

Elle voulait se donner l'air coriace, mais je détectai un léger tremblement dans sa voix.

— Donc, tu vois, *darling*, après tout ça, la préparation, le concours et l'année de formation, ma seule alternative est de conduire autour de Versailles, Créteil ou Amiens en tant que remplaçante ou de recommencer à zéro. Je n'ai même pas de voiture ! Où est-ce que nous allons vivre ? Les départements sont si grands. À quoi pensent-ils ?

Le système des points fut introduit en France au XIXe siècle, au moment de l'afflux massif de fonctionnaires de bas niveau. Plus on avait de points, plus on avait de poids dans le système. Dans l'Éducation nationale, on obtenait des points par l'ancienneté et le nombre d'enfants, avec un bonus pour les anciens élèves de certaines écoles comme l'ENS. Les vétérans dotés de quatre enfants recevaient les premiers choix. Les nouveaux sans enfants allaient là où on leur disait d'aller. D'un côté, c'était juste ; d'un autre, c'était une façon absurde de gérer les ressources humaines. Je ne dis rien. Que pouvais-je dire ? Que j'étais presque soulagée de n'avoir pas réussi ce foutu concours ?

— Comment ça va se passer ?

— Tu t'inscris et puis tu attends ton affectation.

— Quand le sauras-tu ?

— En juillet.

— Pour des cours débutant en septembre ?

Il y eut une pause, un klaxon de l'autre côté du téléphone.

— Rebecca, est-ce que ça va ?

— Tu sais, non seulement ces malades nous envoient à l'autre bout du monde, mais en plus c'est nous qui devons payer nos billets d'avion.

Chapitre 7

Éloge de la logistique

> *Qu'est-ce qui détermine comment mener une guerre? La stratégie et la tactique seraient la réponse logique, bien sûr. Mais qu'est-ce qui détermine la stratégie et la tactique? La réponse est : la logistique. Une guerre ne peut pas être menée sans munitions, armes, et subsistance pour les forces armées. L'histoire révèle la vérité sur la nature dominante de la logistique.*

> Dr. Burton Wright III,
> command historian at the Army Chemical School
> at Fort Leonard Wood, Missouri.

La logistique. Disposer du bon produit, au bon endroit, au bon moment. Les armées triomphent et les épiceries de quartier prospèrent grâce à la logistique. Sans logistique, l'opération marketing la plus sexy est condamnée à l'échec. Qu'elle

311

soit multinationale, association 1901 à but non lucratif, l'OTAN ou service public, toute organisation néglige la logistique à son propre péril : problèmes de livraison, stocks morts, clients mécontents et employés surmenés.

J'avais travaillé onze ans dans la logistique à Euro Disney. Notre pire cauchemar : 40 000 personnes accompagnées de jeunes enfants qui criaient : « Où est le papier toilette ? » et : « Comment ? L'attraction est fermée parce qu'il vous manque une pièce de rechange ? Nous venons de Tombouctou pour cette attraction ! » Notre travail consistait à éviter que ce scénario ne se concrétise. Car, quand nous n'y parvenions pas, les réactions étaient immédiates : pleurs, doléances, demandes de remboursement. Les clients en colère savaient qui contacter et le faisaient illico. Et la direction était toujours de leur côté. Les fiascos requéraient qu'on s'excuse, qu'on explique, qu'on remédie immédiatement aux erreurs.

C'était ça qui rendait notre travail plaisant.

Je trouvais donc étrange que, pour rester au service du gouvernement, un professeur expérimenté ayant réussi un concours national doive choisir entre des remplacements à travers un vaste territoire quelque peu hostile et l'exil à des milliers de kilomètres.

Je pensais aux professeurs du collège de ma fille. Une des professeurs d'anglais était si inapte que l'école avait offert discrètement des cours de rattrapage à ses élèves tout en la maintenant en place. Un professeur d'arts plastiques détestait tellement son travail qu'il mettait les pieds sur le bureau pour lire des magazines pendant le cours – quand il daignait paraître en classe. Deux professeurs de français avaient été absents plus de cinq semaines sans qu'on les remplace, alors que dans le même temps la liste de jeunes professeurs sans poste s'allongeait. Au niveau national, on comptait des millions d'heures d'absence de professeurs chaque année. Selon le rapport Bloch cité par le Sénat, « de la sixième à la terminale, un élève perd une demi-année scolaire » en raison de l'absentéisme des enseignants. Au même moment, des dizaines de milliers de profs titularisés n'ont pas d'élèves.

Le bon produit, au bon endroit, au bon moment. Mis à part l'idéologie, le budget et l'évolution de la société, les problèmes de l'Éducation nationale ne pouvaient-ils pas, au fond, s'expliquer par un problème de logistique ?

À Disneyland-Paris, nous avions eu notre part de crises, bien sûr – une soudaine chute de neige, une autoroute bloquée par une grève des camionneurs, ou une location de rennes qui tournait au désastre. Équiper une ville artificielle recevant 30 000 à 80 000 visiteurs par jour et employant 10 000 personnes, dans toutes les conditions, en toutes circonstances (y compris une menace de faillite) n'était pas aisé. Il fallait mettre en place des procédures, former et motiver des gens, assurer la maintenance des machines et des systèmes informatiques et prendre en compte les imprévus. Mais il existait des moyens pour minimiser les risques.

Premièrement, l'information : statistiques, indicateurs-clés et rapports informatiques détaillés. Que se passait-il ? Sans information, on était impuissant. On ne pouvait pas remédier aux problèmes sans les avoir préalablement identifiés.

Deuxièmement, l'analyse. Où se situaient exactement les difficultés ? Quelles en étaient les causes ? Les solutions ?

Et, bien sûr, l'action. Quelles tâches précisément ? Dans quel ordre ? Avec quels moyens ? Quand ?

Mais, quand tout cela ne fonctionnait pas et que le système prenait l'eau, la première chose à faire était de trouver le foutu responsable et de l'engueuler !

Telles étaient mes pensées tandis que je me dirigeais vers le collège par un soir froid, sombre et humide. Il était 20 h 30 quand j'arrivai devant l'entrée des professeurs. Dans un haut mur en béton surmonté de barbelés s'ouvrit une porte en bois, dont la peinture s'écaillait. J'avais l'impression qu'un prisonnier allait escalader le mur et me tomber dessus. Une voiture s'approcha, se glissa dans l'une des places libres de la rue étroite. J'attendis, tapant des pieds sur le sol pour me réchauffer. La voiture fit « bip bip » et les phares s'éteignirent.

– Bonsoir, dis-je, vous êtes ici pour la réunion ?

L'objectif était d'obtenir un professeur remplaçant en français, étant donné que Mme P. était absente depuis déjà quatre semaines. Cinquante-quatre heures de français perdues et le compteur continuait à tourner. S'ajoutant aux deux mois d'absence de Mmes T. et V., l'année précédente, cela signifiait que des tas d'enfants avaient été privés de cours en grammaire française et en composition. L'inquiétude avait fait place au mécontentement, et finalement à la colère. Les trois associations concurrentes de parents d'élèves avaient fini par se mettre d'accord pour réclamer un professeur.

– Oui, répondit la femme en parka. De quelle association êtes-vous ?

Je nommai l'association locale.

– Et vous ?

Elle nomma une grande organisation nationale.

– Ravie de faire votre connaissance.

Nous ne nous serrâmes pas la main. Mais nous avions un but commun. C'était un progrès.

– Moi de même. Il y a de la lumière. Entrons.

Elle ouvrit la porte et nous pénétrâmes dans la cour du collège d'Ève. Les lumières artificielles se réfléchissaient dans les flaques sur le sol en béton. Dans la masse noire des salles de classe entourant la cour, une fenêtre était brillamment éclairée. Une douzaine de parents assis autour des bureaux disposés en triangle s'étaient déjà lancés dans une conversation animée.

– Nous parlons de la lettre, m'expliqua un parent que je ne connaissais pas.

L'ambiance était sérieuse mais positive. L'objectif était de rédiger une lettre que les trois associations accepteraient de signer, puis de l'envoyer en recommandé à toutes les autorités compétentes (et éventuellement incompétentes).

Une femme, sur ma gauche, raconta :

– Quand j'étais à Nogent, nous avons organisé une manifestation devant l'académie. Nous avons chanté sous les fenêtres de l'inspecteur jusqu'à ce qu'il ne puisse plus le supporter et accepte de recevoir une délégation de parents.

Murmures approbatifs des autres parents.

— Et une pétition ? suggéra une dame à l'autre bout. Quand les parents viennent chercher les bulletins la semaine prochaine, nous pourrions leur demander de la signer.

— Bonne idée ! encouragèrent quelques voix.

— À propos de cette lettre, poursuivit le président d'une des associations, devrions-nous les menacer d'une action légale ?

— Trop cher, répondit le président d'une autre association.

— Les menaces sont gratuites, rétorqua un parent. Combien une action en justice coûte-t-elle, de toute façon ? Peut-être devrions-nous vraiment prendre cette option en considération.

Il était 22 h 30, un jour de semaine, lorsque nous parvînmes à nous mettre d'accord sur deux demandes :

1. Remplacement immédiat du professeur de français absent ;

2. Cours supplémentaires pour les élèves qui avaient été privés de 100 heures de français.

Sachant d'expérience que l'Éducation nationale pouvait continuer à ignorer nos demandes, nous avions conclu la lettre par une menace : « Aucun moyen, y compris une action légale, ne sera exclu. »

La lettre fut signée par les trois associations de parents d'élèves et envoyée en recommandé à l'inspecteur d'académie, avec des copies à tous ceux à qui nous pouvions penser. Les parents avaient mis des mois pour canaliser leur colère, leur consternation et leur frustration en une action concertée. Mais en fin de compte ça y était. Une demande écrite : envoyez-nous quelqu'un – ou gare !

Chapitre 8

Les taupes de la cinquième colonne

Déplacement : détournement d'une émotion ou impulsion de son objet d'origine (comme une idée ou une personne) vers quelque chose de plus acceptable.

Websters Ninth New Collegiate Dictionary.

La défense de la langue française a commencé très tôt. Certains chercheurs situent son origine aux Serments de Strasbourg, « l'acte fondateur de la langue française », le 14 février 842. Au Moyen Âge, la langue officielle – pour la diplomatie, les documents légaux, l'éducation – était le latin. Mais, en 1539, François Ier imposa que la langue utilisée dans les tribunaux soit « la langue maternelle française et aucune autre ». En créant le Collège royal – qui deviendra le vénérable Collège de France, si prestigieux aujourd'hui encore –, il contestait l'autorité de l'Église sur l'éducation. En 1635, Richelieu décréta que la langue française serait régulée par l'Académie française, l'institution la plus célèbre de toutes dans ce domaine, dont les travaux se poursuivent en ce début de XXIᵉ siècle.

Pendant deux siècles et demi, le français fut en outre la langue exclusive de la diplomatie internationale. Ce fut le traité de Versailles de 1919, rédigé en français et en anglais, qui mit fin à cette ère glorieuse. Selon des chercheurs français, « le déclin international du français résulte de l'essor du pouvoir des États-Unis ». En 1972 et 1975, le Parlement français vota des lois visant à protéger le français et à rendre son utilisation obligatoire. Le 25 juin 1992, le deuxième article de la Constitution française fut modifié et devint : « La langue de la République est le français. »

Le 4 août 1994, le Parlement français adopta la loi Toubon, la plus agressive à ce jour. Elle punissait d'amendes pouvant aller jusqu'à 1 800 euros et de peines de prison l'utilisation de mots étrangers dans les communications faites par l'industrie, le gouvernement, les médias et la publicité. Peu après, de nouvelles lois imposèrent un quota à tous les médias : quarante pour cent des chansons passant sur les 1 300 stations de radios FM devaient être des chansons françaises. L'intention était claire : les législateurs défendaient la langue française, non pas contre le japonais, le chinois ou l'espagnol, mais contre l'anglais.

À bien des égards, c'était une guerre à un seul combattant. Ni l'Angleterre, ni les États-Unis ni aucun autre pays anglophone excepté le Canada n'avait de troupes sur le terrain. Les auteurs de langue anglaise rédigeaient des livres, des pièces de théâtre, des scripts, des chansons, des programmes d'ordinateurs, des modes d'emploi, mais pour certains, ceux pour qui la langue était une affaire d'État, cela représentait une invasion. L'« exception française » voyait le jour.

Considérons l'éditorial de la *Gazette de la presse francophone*, d'avril 2005, intitulé « Combattez les taupes de la cinquième colonne » :

« Un certain nombre de fonctionnaires [*français*] s'emploient à assassiner le français. Aveuglés par leur carriérisme, ils trahissent notre langue et toutes celles et ceux qui l'ont défendue et illustrée. [...] La cinquième colonne anglo-phile oublie que l'on peut utiliser l'anglais sans pour cela mépriser ces millions de francophones qui ont les yeux tournés vers la France. » Cette critique était dirigée contre les fonctionnaires français utilisant l'anglais.

L'évolution de l'Union européenne avait également des conséquences. En 1993, un an avant l'adoption de la loi Toubon, Bruxelles avait demandé à la France d'ouvrir ses concours aux Européens. Pour la première fois, les citoyens français allaient concourir avec des candidats italiens, allemands et anglais pour les postes hautement convoités de professeurs de langue.

Ce fut dans ce contexte très pesant que fut décidée une réforme de l'agrégation qui, d'une part, minorait l'importance de l'anglais et, de l'autre, s'assurait qu'une partie importante de ce qui en restait devienne hautement technique (commentaire, phonétique) ou adopte une conception française (l'épreuve du hors-programme). J'ignorais comment cette modification avait été décidée et par qui. Curieuse, j'ai cherché le nom du président du jury de l'époque. Il s'appelait Patrick Badonnel.

J'étais étonnée de tomber à nouveau sur lui. Écoutant mon intuition, je regardai ce qu'il avait publié en dehors de son analyse du *Choix de Sophie*. Je commandai au CNED *The Diary of Miss Jane Pittman*, qui avait remplacé *Sophie's Choice* dans le programme de l'agrég'. Le livre était également écrit de sa main. Je l'ouvris et, dès la page 3, je lus :

« Dans *The Autobiography* sont en question la liberté, l'esclavage, la dignité, l'histoire et l'historicité, la féminité et la virilité, la nature et le futur de l'africain-américanisme. L'esclavage étant autant un défi pour l'esprit que la Solution finale. »

Voilà de nouveau l'esclavage comparé à la Shoah. Pourquoi ? Si le sujet était l'esclavage américain, pourquoi ne pas le comparer, par exemple, à l'esclavage français (au moment de la Révolution américaine, la France avait autant d'esclaves en Haïti que les Britanniques dans toutes leurs colonies de l'Amérique du Nord) ? Ou, plus courageusement, avec l'esclavage africain plus ancien. Et, si le sujet était la Shoah, pourquoi ne pas la comparer par exemple au génocide arménien, ou au nettoyage ethnique yougoslave, ou à celui du Darfour ? Pourquoi, dans un concours destiné à sélectionner de futurs professeurs de lycée, cette insistance à confondre l'esclavage américain avec la Shoah ? C'était comme si certains sujets − esclavage, colonialisme, complicité dans l'assassinat de masse − ne pouvaient être discutés librement par les Français qu'à condition d'être transposés dans le contexte américain.

En février 2005, tandis que je me battais avec *Le Choix de Sophie*, le Parlement français avait adopté une loi étrange intimant aux écoles l'ordre d'enseigner le rôle positif de la colonisation. Le décret affirmait :

« La Nation exprime sa reconnaissance aux femmes et aux hommes qui ont participé à l'œuvre accomplie par la France dans les anciens départements français d'Algérie, au Maroc, en Tunisie et en Indochine ainsi que dans les territoires placés antérieurement sous la souveraineté française. »

Je ne pouvais m'empêcher de me demander : quand les Français étudient l'Amérique, que voient-ils vraiment ? Les Américains ou, dans ce miroir tenu à distance, eux-mêmes ?

Chapitre 9

Paris brûle-t-il ?

9 novembre 2005, état d'urgence en France.
Le gouvernement invoque une loi instaurant
le couvre-feu et datant de la guerre d'Algérie.

Manchette de l'*International Herald Tribune.*

Les émeutiers avaient brûlé un gymnase à Noisy-le-Grand. Le maire socialiste, Michel Pajon, avait requis l'intervention de l'armée. Noisy-le-Grand jouxte Beauté-sur-Marne. En réalité, deux gymnases de Noisy avaient été incendiés, mais les habitants du voisinage et les pompiers avaient réussi à en éteindre un. Le gymnase indemne était noir sur un côté, mais l'intérieur demeurait intact. De l'autre, qui venait à peine d'être reconstruit après avoir complètement brûlé une première fois en 1995, il ne restait de nouveau plus rien. En tout, vingt-cinq écoles ainsi que des milliers de voitures avaient brûlé dans le département limitrophe du nôtre durant les deux semaines précédentes. La police avait procédé à plus d'un millier d'arrestations. Le couvre-feu avait été instauré.

Selon les journaux, presque tous les émeutiers étaient de jeunes Français d'origine africaine et arabe habitant les cités délabrées qui entourent les grandes villes. À Paris, il s'agissait à nouveau du fameux 9-3. Pour la première fois, les médias français faisaient leurs gros titres sur l'existence de ghettos en France, sur « la discrimination à l'embauche des candidats aux noms africains et arabes ». Ce qui ne pouvait même pas être suggéré auparavant était désormais au centre de toutes les conversations : la France ne parvenait pas à intégrer ses étrangers !

Je pensai à ma propre intégration. Je suis blanche, éduquée, et de classe moyenne. Comment cela avait-il marché pour moi ?

Si on m'avait posé cette question avant mon expérience de l'agrégation, j'aurais probablement répondu : « Très bien. » Reçue dans une bonne école de commerce, j'avais occupé avec succès pendant quinze ans des postes à responsabilité dans des entreprises françaises, et j'avais été élue au conseil municipal. Mes enfants excellaient en français, aimaient leur école et leurs amis. J'adorais vivre en

France, dans ma ville, et j'appréciais la compagnie de mes voisins. Je pensais que tout allait bien.

L'année de préparation à l'agrégation, en revanche, m'a montré qu'en réalité tout cela était superficiel. Mes compétences en français, suffisantes pour gérer des projets coûtant des millions d'euros, restaient insuffisantes pour me qualifier à enseigner l'anglais dans une école publique française. Mon esprit critique, affûté par mes voyages et par le simple fait d'être étrangère en France, m'avait empêchée de me couler dans le moule. Je ne *pensais* pas comme une Française. Et, dans le contexte de l'agrégation d'anglais, c'était un handicap insurmontable.

Beaucoup de gens m'ont demandé pourquoi je n'ai pas repassé le concours. Après tout, il est assez commun pour les candidats de tenter l'agrég' deux ou même trois fois. Mais, à vrai dire, après la déception initiale, survint un sentiment de libération. Je n'aurais jamais ma place parmi le 1,3 million de fonctionnaires de l'Éducation nationale. Je n'aurais jamais un boulot à vie, un travail à l'épreuve du chômage. Je ne serais jamais complètement française. J'avais entendu une porte se fermer à l'intérieur de moi. Mais, comme le dit un sage : « Quand une porte se ferme, une autre s'ouvre. »

Épilogue

Ma dernière séance au Club des Cadres de l'ANPE date d'il y a deux ans. Il y a longtemps que je n'ai plus de droits Assedic. Dans l'informatique, l'externalisation continue et s'accélère ; des amis de mon âge sont poussés dehors, et je ne vois aucun avenir dans ce domaine pour les cinquantenaires dont je ferai bientôt partie. Étrange, non ? Nous parvenons à recycler le plastique, le carton et le verre, mais pas les êtres humains.

Les bonnes nouvelles concernent mes filles. Linda, en CE2, a un merveilleux maître qu'elle adore ; il a même invité les parents à s'occuper du cours d'informatique pendant qu'il aide les enfants qui en ont besoin. Ève, en quatrième à présent, a eu, comme la plupart des collégiens, de bons et de mauvais professeurs. Heureusement, elle en a eu aussi deux qui étaient vraiment excellents, l'un en français, sa matière préférée, et l'autre, ironie du sort, en allemand. En ce qui concerne l'anglais, il nous reste à trouver une solution.

Un lycée bilingue international va ouvrir ses portes dans notre ville en 2010. Il sera trop tard pour Ève. Nous allons donc l'envoyer dans la ville voisine, dont le lycée public possède une filière internationale. C'est un endroit agréable, et j'ai entendu dire que l'un des professeurs est britannique. Or, le gouvernement français examine actuellement une loi qui compliquerait considérablement le recrutement des professeurs anglophones très qualifiés, même dans les établissements privés, donc l'avenir est incertain.

J'ai demandé au conseil municipal si nous comptions améliorer l'enseignement des langues étrangères dans notre ville pour donner une chance aux enfants d'être admis dans le futur lycée international. Mais la réponse est toujours la même : notre ville finance déjà des cours de langues étrangères mandatés mais non budgétés par l'Éducation nationale et n'a pas tellement envie d'en faire plus. La situation semble empirer, au moins dans notre département. *Le Parisien* du Val-de-Marne annonçait la « pénurie de profs d'anglais dans les écoles primaires » dans un article dénonçant le manque d'enseignants d'anglais dans des dizaines de villes. Sachant que les CE1 de Beauté attendaient un enseignant, j'ai appelé l'académie de Créteil. On m'a immédiatement proposé un CDD rémunéré au SMIC[1] pour les CM1 et CM2 dans les villes qui, au mois de novembre, n'avaient toujours aucun cours d'anglais.

Pourquoi l'Éducation nationale rend-elle obligatoires des cours d'anglais qu'elle est incapable d'assurer ? J'ai posé la question à un inspecteur. « Les parents insistent, expliqua-t-il. On n'a pas le choix. »

J'ai vu Rebecca mardi dernier. Ses expériences kafkaïennes récentes avec l'Éducation nationale dépassent l'imagination. Elle a demandé un poste à La Réunion. Une « erreur administrative » lui retirant cinquante points l'en a privée. Un deuxième poste lui a échappé à la dernière minute quand, en raison d'une nouvelle « erreur administrative », un autre professeur fut nommé à sa place. Trois jours après la rentrée, elle ne savait toujours pas où elle allait enseigner, malgré ses appels téléphoniques et ses lettres recommandées. Aucun de ses cinq premiers choix (après La Réunion) n'avait été pris en compte. N'ayant obtenu ni assignation ni réponse à ses nombreux courriers, elle a un jour reçu une lettre de radia-

---

1. 10,67 euros/heure pour une session de 45 minutes, suivie d'une pause non rémunérée de 15 minutes, donc 8,07 euros la session.

tion de l'Éducation nationale. Motif : elle ne s'était pas présentée à son poste – poste dont elle n'avait jamais entendu parler, suite à une énième « erreur administrative ».

Sirotant son thé dans notre café préféré près de la place de la Nation, elle reste philosophe.

– Vraiment, *darling*, dit-elle de sa façon impérieuse, je ne sais pas ce que je préfère : l'incompétence ou la discrimination. Toi qui aimes les défis, pourquoi ne trouves-tu pas ? Je n'ai vraiment plus ni le temps ni l'énergie pour tout ça. Je retourne dans le privé.

– Non ! dis-je, tu as investi deux ans ! La préparation pour l'examen. Cette stupide année de formation. Tu es dans le système. Tu ne peux pas abandonner maintenant !

– Je ne peux pas abandonner maintenant ?

Impeccable comme d'habitude, elle se redresse, ce qui lui donne le port d'une reine.

– Et pourquoi pas, putain de merde ?

Je suis sans voix.

– Non, vraiment, *darling*. Tu trouves qu'il vaut mieux que je passe quatre heures par jour dans un train pour aller faire un remplacement sans plan ni programme ? J'ai presque 50 ans. Vingt-cinq ans d'expérience professionnelle. D'excellents résultats. Je pourrais aider ces enfants, mais pas comme remplaçante ! Regarde comment on me traite ! Ils …

Gênée, je détourne le regard pour ne pas voir Rebecca pleurer. Elle se mouche en prétextant un rhume. Tout ce travail. Tous ces efforts. C'est tellement dommage de jeter aux orties ce CAPES si durement acquis, et pourtant, curieusement, cela arrive assez souvent, et je commence à comprendre pourquoi.

Mon enquête reste inachevée. Je ne peux pas publier les entretiens les plus révélateurs et les plus intéressants, car j'ai promis de respecter le droit de réserve de mes interlocuteurs. J'ai enfin eu le courage de téléphoner au président du jury, qui, avec beaucoup de grâce, a immédiatement consenti à me rencontrer. Malheureusement, les responsables politiques de l'Éducation ont été moins aimables. Aucun ministre de l'Éducation, ni passé ni actuel, n'a jamais daigné répondre à mes questions et notamment celle-ci : pourquoi le contenu du CAPES et de l'agrégation d'anglais n'a-t-il rien à voir avec l'enseignement de cette langue ?

Cependant, je n'ai pas abandonné le projet. Mais je compte changer de tactique. Mes questions seront désormais publiques et officielles. J'ai dépassé le stade du doute cartésien.

Tous mes remerciements aux écrivains Jennifer K. Dick, John Kohut, Chris Vanier, Janet Skeslien, Barry Kirwan, Kurt Lebakken, Alma Mecattaf, Marie Houzelle, Gwyneth Hughs, Lizzy Gohier, Jack Kessler, Dimitri Keramitas, Jane Verwijs et bien d'autres pour leurs conseils et leur soutien ; à Catherine Dana, à Denyse Vaillancourt, à Eve Zuckerman, à Corinne Robinson, à Marie-Louise Stott et à mes éditeurs chez Fayard pour leur aide précieuse ; et aux camarades de fortune et d'infortune, aux professeurs, aux administrateurs, et aux jurés pour leurs témoignages.

Je voudrais aussi remercier les enseignants du monde entier qui, comme l'a dit H.L. Mencken, « *wear out their hearts trying to perform the impossible* ».

Table

DEUXIÈME PARTIE

TROISIÈME PARTIE

Cet ouvrage a été composé en Granjon par Palimpseste à Paris

Impression réalisée sur CAMERON par
BRODARD ET TAUPIN
La Flèche

pour le compte des Éditions Fayard
en janvier 2007